ŒUVRES COMPLÈTES

DE

SIR WALTER SCOTT.

Traduction Nouvelle.

PARIS,

A. SAUTELET ET C° ET CHARLES GOSSELIN

LIBRAIRES-ÉDITEURS.

M DCCC XXVI.

H. FOURNIER IMPRIMEUR.

ŒUVRES COMPLÈTES

DE

SIR WALTER SCOTT.

TOME DIX-SEPTIÈME.

IMPRIMERIE DE H. FOURNIER,
RUE DE SEINE, N° 14.

L'ANTIQUAIRE.

(The Antiquary.)

TOME PREMIER.

Je connaissais Anselme, il était homme sage !
Très-instruit, et plus fin, certes, qu'aucun de nous.
Mais on était surpris de son enfantillage,
Et de le voir encor rechercher les joujoux :
Tels que petits bouquins ornés d'enluminures,
Médailles dont la rouille effaça les figures,
Et même l'air noté de quelque vieux refrain
Dont peut-être on berça jadis le roi Pepin

AVERTISSEMENT.

L'ouvrage suivant complète une série de fictions destinées à faire connaître les mœurs écossaises à trois différentes époques. Waverley embrassait le temps de nos pères, Guy Mannering celui de notre jeunesse, et l'Antiquaire nous reporte aux dix dernières années du dix-huitième siècle. Dans l'*Antiquaire*, comme dans *Guy Mannering*, j'ai cherché mes principaux personnages dans la classe de la société qui est la dernière à ressentir l'influence de ce poli de la civilisation générale qui rend semblables les mœurs des différentes nations. C'est dans la même classe que j'ai placé quelques-unes des scènes par lesquelles j'ai cherché à faire apprécier l'énergie de certaines passions violentes, parce que les hommes du peuple sont moins soumis à la contrainte habituelle de dompter leurs sensations, et parce que je pense avec M. Wordsworth (1) que rarement ils manquent de les rendre dans le langage le plus expressif et le plus éloquent. Tel est, je crois, particulièrement ce qui a lieu pour les habitans des campagnes en Écosse, classe que j'ai long-temps fréquentée (2). La force et la simplicité antique de leur langage, souvent empreint de l'éloquence orientale de l'Écriture chez ceux d'entre eux qui ont une intelligence élevée, rend pathétique leur douleur, et donne de la dignité à leur ressentiment (3).

J'ai plus cherché à décrire minutieusement des mœurs nationales qu'à combiner artificiellement des événemens. Je dois avouer qu'à mon grand regret je me suis senti dans l'impuissance de réunir ces deux conditions d'un bon roman.

La friponnerie de l'adepte dans l'ouvrage qu'on va lire peut paraître forcée et invraisemblable. Mais nous avons eu, dans les derniers temps, des exemples plus frappans encore d'une superstitieuse crédulité, et le lecteur peut être assuré que cette partie de la narration est fondée sur des événemens encore récens.

(1) L'auteur fait ici allusion à l'espèce de doctrine démocratique en poésie exposée par le poète Wordsworth dans la préface de ses œuvres. Le lecteur en trouvera une exposition abrégée dans le *Voyage hist. et litt. en Angleterre et en Écosse.* — Éd.

(2) Sir Walter Scott a passé une grande partie de sa jeunesse dans les fermes de sa famille, situées dans les comtés de Roxburgh et de Selkirk. Il a dit lui-même que sa nourrice fut sa première institutrice en poésie. — Éd.

(3) La Bible est la lecture de tous les jours dans une famille bien réglée d'Écosse. Voyez dans l'ouvrage déjà cité du Dr. A. P. la traduction du *Samedi soir du laboureur,* où Burns, dans un de ses momens d'inspiration grave et religieuse, peint l'intérieur d'une chaumière. — Éd.

AVERTISSEMENT.

Je n'ai plus maintenant qu'à exprimer ma reconnaissance au public pour l'honorable réception qu'il a daigné faire à des ouvrages qui n'ont guère eu d'autre mérite que quelque vérité de coloris, et je prends congé de lui respectueusement comme quelqu'un qui probablement sollicite sa faveur pour la dernière fois (1).

(1) On voit ici que l'auteur, en feignant de donner au public son dernier ouvrage, se préparait seulement à mettre en scène le Jedediah Cleishbotham et le P. Pattieson des *Contes de mon Hôte*, pour remplacer le premier auteur anonyme de *Waverley*. — Éd.

L'ANTIQUAIRE.

(The Antiquary.)

CHAPITRE PREMIER

« Qu'on m'appelle un carrosse ! un carrosse à l'instant !
» Qu'on crie, et que ce cri partout se répétant,
» On n'entende plus rien qu'un carosse ! un carosse ! »
Chrononhotonthologos.

Vers la fin du dix-huitième siècle, un jeune homme de bonne mine, obligé de se rendre dans le nord-est de l'Écosse, arriva le matin d'un beau jour d'été pour retenir et occuper une place dans une de ces voitures publiques qui vont d'Édimbourg au Queensferry, où, comme le nom de ce dernier lieu l'annonce (1), et comme tous mes lecteurs d'Écosse le savent bien, l'on trouve un paquebot pour traverser le Frith (2) du Forth. La voiture était destinée à contenir six voyageurs réguliers, outre ceux que le cocher, par un trafic interlope, pouvait recruter sur la route, et qu'il imposait en quelque sorte aux possesseurs légitimes des places. Les billets qui donnaient droit à une place garantie dans ce carrosse peu commode étaient distribués par une vieille femme à l'air rusé dont le nez effilé portait une paire de lunettes. Elle habitait une — laigh shop, — c'est-à-dire une espèce de caveau ouvert dans High-Street, au fond duquel elle vendait du ruban, du fil, des aiguilles, des écheveaux de laine, de la grosse toile, et d'autres objets du même genre, à l'usage du beau sexe. Mais il fallait autant de courage que d'adresse pour descendre dans son antre profond par un escalier droit et escarpé sans y tomber la tête la première, ou sans y précipiter quelqu'un des nombreux échantillons qui, placés de chaque côté sur les marches de l'escalier, annonçaient le négoce de la vieille (3).

Un placard manuscrit, collé sur une planche avancée,

---

(1) *Queensferry* signifie passage de la reine. Ferry est un lieu où l'on passe une rivière à bac.

Queensferry est un bourg royal du comté de Linlithgow, sur la côte du Frith du Forth, à neuf milles ouest d'Édimbourg. On suppose que son nom lui vient de la femme du roi Malcom Canmore (1057), qui fréquentait beaucoup ce passage. — Éd.

(2) Un *Frith* ou *Firth* est un détroit formé par l'embouchure d'un fleuve se jetant dans la mer. Le Frith du Forth s'appelle aussi souvent *le Frith*, sans ajouter *du Forth*. — Éd.

(3) On trouve encore dans la même rue de ces sortes de boutiques presque souterraines. — Éd.

annonçait que la diligence de Queensferry, dite la Mouche des Hawes (1), partirait à midi précis, le mardi 15 juillet 17 —, afin d'assurer aux voyageurs les moyens de profiter de la marée pour traverser le Frith. Pour cette fois, il mentait comme un bulletin, car, quoique le clocher de Saint-Giles eût fait entendre l'heure, répétée par l'horloge du Tron (2), aucune voiture ne paraissait au lieu du départ. Il est vrai qu'on n'y avait retenu que deux places, et il était possible que la maîtresse de la demeure souterraine s'entendît avec son Automédon, afin de laisser passer, en pareil cas, un certain délai pour remplir les places vides. Peut-être aussi ledit Automédon, chargé d'un convoi funéraire, s'était-il trouvé retardé par la nécessité de dépouiller son équipage de ses ornemens lugubres; ou il s'amusait peut-être encore à vider une pinte avec son compère le valet d'écurie; ou, — bref, la voiture ne paraissait pas.

Le jeune homme commençait à s'impatienter, lorsque la personne qui avait retenu la deuxième place vint le joindre et partager cette contrariété, qu'on peut compter au nombre des petites misères de la vie humaine. Celui qui se dispose à se mettre en voyage est distingué aisément de ses concitoyens. Les bottes, le manteau, le parapluie, le petit paquet sous le bras, le chapeau enfoncé sur le front, un air résolu, un pas délibéré, le laconisme avec lequel on répond aux complimens des connaissances qu'on rencontre, sont autant de marques auxquelles le voyageur qui a l'expérience

---

(1) *Hawes* signifie les fruits de l'aubépine. C'est le nom d'une auberge, que nous traduirons *euphoniæ gratiâ*. — Éd.

(2) Saint-Giles, cathédrale d'Édimbourg; Tron-Chuch, est aussi une église de la vieille ville. — Éd.

des malles-postes ou des diligences peut reconnaître de loin le compagnon de son futur voyage. C'est alors qu'écoutant les conseils de la sagesse humaine, le premier arrivé se hâte de s'emparer de la meilleure place de la voiture, et d'y arranger son bagage de la manière qui lui convient, avant l'arrivée de son compétiteur. Notre jeune homme n'était guère doué de prudence dans aucun genre : d'ailleurs l'absence de la voiture lui ôtait les moyens de se prévaloir de son droit de priorité. Il s'amusa donc, pour se dédommager, à tâcher de deviner quels étaient l'état et le caractère du personnage qui arrivait au bureau.

C'était un homme d'environ soixante ans, peut-être plus, mais dont le teint frais et la démarche assurée prouvaient que les années ne l'avaient encore privé ni de ses forces ni de sa santé. Il avait une physionomie des plus écossaises, les traits un peu durs, l'œil malin et perçant et un air de gravité habituelle animée par un penchant à l'ironie. Il portait un habit complet de drap d'une couleur assortie à son âge et à son air sérieux ; sa perruque bien frisée, bien poudrée, et surmontée d'un chapeau enfoncé jusque sur ses yeux, semblait annoncer un homme appartenant à une des professions savantes. Ce pouvait être un ecclésiastique : cependant il avait l'air plus mondain que ne l'ont ordinairement les ministres de l'Église d'Écosse, et sa première exclamation ne laissa aucun doute à cet égard.

Il arriva d'un air pressé, et jetant un coup d'œil d'alarme sur le cadran de l'horloge de l'église, il regarda à l'endroit où la voiture aurait dû se trouver, et s'écria :
— Le diable s'en mêle, j'arrive trop tard !

Le jeune homme le tira d'inquiétude en lui disant

que la voiture n'avait pas encore paru. Le vieillard, sentant probablement lui-même son défaut de ponctualité, n'eut pas d'abord le courage d'accuser le cocher d'en manquer. Il prit des mains d'un enfant qui le suivait un paquet qui semblait contenir un grand volume in-folio, et, lui passant la main sur la tête, lui dit de s'en aller, et de dire à M. B*** que s'il avait su qu'il eût tant de loisir, il aurait ajouté un mot ou deux avant de conclure son marché.

— Sois exact à remplir tes devoirs, ajouta-t-il, et tu feras ton chemin aussi bien que qui que ce soit qui ait jamais épousseté un in-douze.

L'enfant resta encore un instant, peut-être dans l'espérance de recevoir un sou pour acheter des billes ; mais ce sou n'arriva point. Le vieillard appuya son paquet sur une borne qui était au coin de l'escalier, en face du voyageur qui était venu le premier, et attendit en silence pendant environ cinq minutes la tardive diligence.

Enfin, après avoir regardé une ou deux fois avec impatience l'aiguille du cadran et l'avoir comparée avec celle de sa grosse et antique montre d'or à répétition, il fronça le sourcil, pour donner plus d'emphase à ce qu'il allait dire, et appela la vieille dame de la caverne.

— Eh! bonne femme! Comment diable s'appelle-t-elle donc? Mistress Macleuchar!

Mistress Macleuchar, qui sentait qu'elle devait se tenir sur la défensive dans la rencontre qui allait s'ensuivre, n'était nullement pressée d'accélérer la discussion par une prompte réponse.

— Mistress Macleuchar! bonne femme! cria le voyageur. Peste soit de la vieille sorcière! ajouta-t-il à part.

Il faut qu'elle soit sourde comme un poteau. Dites donc, mistress Macleuchar!

— Je suis occupée à servir une pratique. — C'est en conscience, ma belle, je ne vous surfais pas d'un bodle.

— Femme, répéta le voyageur, croyez-vous que nous soyons obligés d'attendre ici toute la journée, jusqu'à ce que vous ayez attrapé à une pauvre servante le montant de ses gages et profits d'une demi-année?

— Attrapé! répéta mistress Macleuchar, charmée de voir la querelle s'engager sur un point défendable; je méprise vos propos, monsieur, et je vous prie de ne pas vous arrêter au haut de mon escalier pour m'injurier.

— Cette femme, dit le vieillard en jetant un regard d'intelligence sur son futur compagnon de voyage, est décidée à ne pas m'entendre. Femme, ajouta-t-il en baissant la tête vers le caveau, je n'attaque pas ta réputation, mais je désire savoir ce qu'est devenue ta voiture.

— Que désirez-vous? demanda mistress Macleuchar, retombant dans sa surdité.

— Madame, dit le jeune homme, nous avons retenu des places pour Queensferry dans votre diligence.....

— Qui devrait avoir déjà fait la moitié du chemin, continua le vieillard plus impatient, et dont la colère augmentait à chaque mot qu'il prononçait; et maintenant, suivant toutes les apparences, nous manquerons la marée : j'ai pourtant des affaires importantes de l'autre côté de l'eau, et votre maudite voiture...!

— La voiture! s'écria la vieille dont la voix aigre se monta alors sur un ton plus doux: que Dieu nous protège! n'est-elle pas encore sur la place? est-ce que vous attendez la voiture?

— Et pour quoi croyez-vous que nous soyons à nous rôtir au soleil sous votre gouttière, femme sans foi?

Mistress Macleuchar monta sur son escalier, qu'on aurait pu nommer une échelle, quoiqu'il fût de pierres, jusqu'à ce que son nez fût de niveau avec la rue, et après avoir essuyé ses lunettes pour chercher ce qu'elle savait fort bien ne pas trouver, elle s'écria, feignant la surprise : — Que Dieu me protège! vit-on jamais chose semblable?

— Oui, femme abominable, s'écria le vieux voyageur : on a vu et on verra encore chose semblable toutes les fois qu'on aura quelque affaire à démêler avec votre misérable sexe!

Et, se promenant avec indignation devant la porte de la boutique, de même qu'un vaisseau qui lâche sa bordée en passant devant une forteresse ennemie, il s'arrêtait chaque fois pour accabler de plaintes, de reproches et de menaces mistress Macleuchar, qui commençait à se trouver fort embarrassée.

— Il appellerait un fiacre; il prendrait une chaise de poste, il y ferait atteler quatre chevaux; il fallait qu'il passât l'eau dans la journée. Tous les frais, dommages et intérêts résultant de ce retard retomberaient sur mistress Macleuchar.

— Il y avait quelque chose de si comique dans l'expression de ce dépit, que le jeune voyageur, qui n'avait aucun motif pour être si pressé de partir, ne put s'empêcher de s'en amuser, d'autant plus qu'il était évident que le vieillard, quoique fort en colère, ne pouvait s'empêcher de rire de temps en temps de la chaleur qu'il y mettait. Mais quand il vit mistress Macleuchar céder à la même envie, il se hâta de mettre un terme à cette gaieté mal placée.

— Femme, lui dit-il en tirant de sa poche un morceau de papier chiffonné, n'est-ce pas vous qui avez fait distribuer cet avis au public? n'annonce-t-il pas qu'avec la grace de Dieu, comme vous avez l'hypocrisie de le dire, la Mouche des Aubépines, ou la diligence de Queensferry, partira aujourd'hui à midi précis? n'est-il pas midi un quart! où est donc ta Mouche, ta diligence? ô la plus fausse de toutes les créatures! Sais-tu quelle est la conséquence de tromper les sujets du roi par des promesses mensongères? sais-tu qu'on peut diriger une action contre toi, en vertu du statut sur les engagemens non exécutés? Réponds-moi; et, pour une fois dans toute ta vie aussi longue qu'inutile, que ce soit avec franchise et vérité! as-tu une telle diligence? existe-t-elle *in rerum naturâ?* ou n'est-ce qu'une perfidie pour faire perdre aux imprudens leur temps, leur patience et trois shillings de bon argent au cours légal de ce royaume? As-tu une telle voiture? je te le demande: oui ou non.

— O mon Dieu! oui, monsieur. Tous les voisins connaissent ma diligence: — fond vert, bariolé de rouge, trois roues jaunes et une noire.

— Ta description spéciale ne prouve rien, femme. Ce ne peut être qu'un mensonge de plus.

— Eh bien! monsieur, dit mistress Macleuchar hors d'état de riposter aux attaques répétées de l'éloquence du voyageur, reprenez vos trois shillings, et que je n'en entende plus parler.

— Doucement, femme, doucement! trois shillings

me conduiront-ils à Queensferry, conformément à ton programme imposteur? m'indemniseront-ils du dommage que ce retard peut occasioner à mes affaires? défraieront-ils mes dépenses si je suis obligé de passer un jour à Queensferry pour attendre la marée, ou de louer une barque, dont le prix régulier est de cinq shillings?

Son discours fut interrompu par un bruit sourd, produit par la voiture attendue ; elle arrivait avec toute la célérité que pouvaient mettre les haridelles poussives qui y étaient attelées. Ce fut avec un plaisir ineffable que mistress Macleuchar vit celui qui la tourmentait ainsi prendre sa place ; comme la voiture partait, il avança la tête par la portière, pour lui rappeler que, s'il n'arrivait pas à Queensferry assez à temps pour profiter de la marée, elle serait responsable de toutes les conséquences ; mais ses paroles se perdirent dans le bruit des roues.

La diligence avait fait un mille ou deux avant que le vieillard eût recouvré son égalité d'ame, ce que prouvaient les exclamations qu'il faisait de temps en temps sur la probabilité et même la certitude de manquer la marée. Cependant sa colère se calma par degrés ; il s'essuya le front ; ses traits se déridèrent ; et, ouvrant le paquet qu'il tenait sur ses genoux, il en tira un grand in-folio qu'il regardait de temps en temps de l'air d'un connaisseur, admirant sa bonne conservation, et le feuilletant page par page pour s'assurer qu'il était intact et sans défaut depuis le titre jusqu'à la dernière ligne. Son compagnon de voyage prit la liberté de lui demander quel était le sujet d'une attention si studieuse. A cette demande, le vieillard leva sur lui des yeux qui semblaient armés de sarcasme, comme s'il eût supposé que le jeune homme prendrait peu d'intérêt à sa réponse, et peut-être même ne la comprendrait pas. Il lui dit pourtant que ce livre était l'*Itinerarium septentrionale* de Sandy Gordon, ouvrage destiné à faire connaître les restes d'antiquités romaines de l'Écosse. Ce titre savant n'effraya pas son jeune compagnon, qui, de question en question, fit voir qu'il avait profité d'une bonne éducation, et que, s'il n'avait pas des connaissances bien approfondies sur le sujet des antiquités, il possédait assez bien les auteurs classiques pour pouvoir écouter avec plaisir et attention quand on lui en parlait. Le vieux voyageur vit avec satisfaction que son compagnon temporaire était en état de le comprendre et de lui répondre, et il se plongea avec ardeur dans une mer de discussions sur les urnes, les vases, les autels et les camps romains, et sur les règles de la castramétation.

Le plaisir qu'il trouvait à cette conversation charmait tellement les heures, que la voiture s'arrêta deux fois, et chaque fois pour un temps beaucoup plus considérable que le délai qui avait attiré tant de colère sur la pauvre mistress Macleuchar, sans que notre Antiquaire daignât témoigner son impatience autrement que par quelques exclamations qui lui étaient arrachées plutôt par le désagrément de se trouver interrompu dans une dissertation, que par les retards qu'il éprouvait dans son voyage.

Un ressort qui se rompit occasiona le premier, et une demi-heure suffit à peine pour remédier à cet accident. Quant au second, si l'antiquaire n'en fut pas la cause directe, il y contribua du moins, car, remarquant qu'un des chevaux était déferré d'un pied de devant, il fit part au cocher de cette découverte importante. — Oh! répondit celui-ci, Jamie Martingale a fait un marché pour fournir et entretenir les fers des chevaux, et je n'ai pas le droit de m'arrêter pour leur en faire mettre de neufs.

— Et quand tu iras à tous les diables, comme tu le mérites, coquin, as-tu fait marché avec quelqu'un pour qu'il t'y conduise? Si tu ne fais pas ferrer ce pauvre animal chez le premier maréchal, je te réponds que je te ferai punir, quand il n'y aurait qu'un juge de paix dans tout le Midlothian (1). Et en même temps, ouvrant la portière, il descendit de voiture, tandis que le cocher lui obéissait en grondant, et en disant à voix basse que si les voyageurs manquaient la marée, ils n'avaient plus rien à lui reprocher, puisqu'on le forçait à s'arrêter malgré lui.

J'aime si peu à analyser la complication des causes qui influent sur les actions humaines, que je ne me hasarderai point à rechercher si la compassion de notre antiquaire pour le pauvre cheval ne fut pas puissamment aidée par le désir de montrer à son compagnon un camp ou cantonnement des Pictes dont un échantillon parfait et très-curieux se trouvait à une centaine de pas de l'endroit où cet accident était arrivé. Si j'étais forcé de décomposer les motifs de la conduite de mon digne ami (car le vieux antiquaire à la perruque poudrée était mon ami) (2), je dirais que, dans aucun cas,

(1) Comté dont Édimbourg est la ville principale. — Éd.
(2) On prévoit que l'auteur s'identifiera volontiers avec un personnage auquel il prête son goût pour les bouquins et les antiquités. — Éd.

il n'aurait souffert qu'un cocher forçât à marcher un cheval hors de service, au risque de l'estropier ; mais je conviendrai que le porte-fouet évita de sévères reproches et quelques invectives, grace à la manière agréable dont notre voyageur trouva à s'occuper pendant ce nouveau délai.

Ces diverses interruptions firent perdre un temps si long, qu'en descendant la montagne au pied de laquelle est l'Aubépine, nom de l'auberge où ils devaient s'arrêter à Queensferry, l'œil exercé de l'antiquaire reconnut sur-le-champ, à l'étendue de sable et à certains rochers de pierre noire, couverts d'herbes marines qui étaient visibles le long du rivage, que l'heure de la marée était passée. Le jeune voyageur s'attendait à une nouvelle explosion de colère ; mais, soit que notre héros, en déplorant d'avance ses infortunes, se fût épuisé au point de ne plus les sentir aussi vivement lorsqu'elles se réalisaient, comme dit Croaker dans *le Bon-Homme* (1), soit qu'il trouvât la compagnie dans laquelle le hasard l'avait placé trop conforme à son goût pour se plaindre d'un incident qui allait retarder son voyage, il est certain qu'il se soumit à son sort avec résignation.

— Au diable soit la diligence et la vieille sorcière à qui elle appartient. Diligence! dis-je? on devrait la nommer la Lenteur. Elle l'appelle la Mouche ; elle marche comme une mouche dans de la glu, comme dit l'Irlandais. — Au surplus, le temps et la marée n'attendent personne ; ainsi, mon jeune ami, nous ferons une halte aux Aubépines, qui est une auberge assez passable, et j'aurai le temps de vous expliquer la différence qui

(1) Comédie de Goldsmith. — Éd.

existe entre la manière de retrancher les *castra stativa* et les *castra æstiva*, choses qui ont été confondues par un trop grand nombre d'historiens. Hélas! que ne se sont-ils donné la peine de consulter leurs yeux, au lieu de marcher à l'aveugle! Du reste, nous ne serons pas trop mal aux Aubépines; il fallait que nous dinassions quelque part, et il sera plus agréable de partir avec la marée et le vent frais du soir.

Ce fut dans cette disposition toute chrétienne de tirer le meilleur parti possible des événemens, que nos voyageurs descendirent aux Aubépines.

CHAPITRE II.

« Monsieur, on calomnie et mon auberge et moi !
» Un gigot desséché ! c'est un peu fort, ma foi !
» Pour boisson, dites-vous, de la petite bière !
» Ceux qui parlent ainsi ne nous connaissent guère.
» De l'homme le vin seul peut réjouir le cœur.
» Regardez notre enseigne, et vous n'aurez plus peur
» D'entrer enfin chez nous : à *la liqueur exquise*,
» *Boire sec et chanter* : Monsieur, c'est ma devise. »

BEN JONSON. — *La Nouvelle Auberge.*

Le plus âgé des deux voyageurs, en descendant le marche-pied un peu usé de la diligence, fut salué par l'aubergiste, homme gros, gras et goutteux, avec ce mélange de respect et de familiarité que les aubergistes écossais de l'ancienne école montraient à leurs habitués. — Le ciel me soit en aide, Monkbarns, s'écria-t-il en lui donnant le nom de son domaine, titre qui sonne toujours agréablement à l'oreille d'un propriétaire écossais; est-ce bien vous? je ne pensais guère que je verrais Votre Honneur ici avant la fin de la session d'été.

— Vieux radoteur du diable, répondit l'antiquaire dont l'accent écossais n'était guère saillant que lorsqu'il était en colère, qu'ai-je à démêler avec la cour des sessions, les oisons qui la fréquentent, et les faucons qui y guettent leur proie?

— Oh certes! c'est la vérité, répondit l'hôte, qui, dans le fait, n'avait parlé ainsi que par un souvenir vague de la première éducation de l'étranger, mais qui aurait été bien fâché de ne point passer pour être au fait des occupations et de l'état des pratiques qui venaient de temps en temps chez lui; c'est la vérité, mais je croyais que vous aviez quelque affaire en justice pour votre compte. J'en ai une, moi qui vous parle; un procès que mon père m'a laissé, et qui lui avait été laissé par le sien. C'est relativement à notre cour de derrière. Vous en avez peut-être entendu parler à Parliament-House(1): Hutchinson contre Mackitchinson; c'est une affaire bien connue: elle a été quatre fois devant les quinze juges, mais du diable si le plus savant d'entre eux a pu rien y comprendre, et tout ce qu'ils ont pu faire a été de la renvoyer à la cour extérieure (2). Oh! c'est une belle

(1) L'édifice où sont les principales cours de justice à Édimbourg. — Éd.

(2) Il faudrait, pour bien comprendre ce dialogue, connaître la composition de la cour des sessions avant 1808, époque où cette cour a subi une organisation nouvelle. Le greffier de cette cour s'est bien gardé de trahir ici son incognito par une longue note, dont pourtant on lui aurait su gré. Essayons d'y suppléer.

La cour des sessions est la cour suprême de judicature civile. Elle fut établie par le roi Jacques V en 1532, sur le modèle de nos anciens parlemens. Il y avait quinze juges ordinaires, c'est-à-dire sept

chose que de voir le temps et le soin qu'on met à rendre la justice en ce pays!

—Retenez votre langue, fou que vous êtes, dit le voyageur d'un ton de bonne humeur, ou plutôt dites-nous ce que vous pouvez nous donner pour dîner, à ce jeune homme et à moi.

—Oh! nous ne manquons pas de poisson, c'est-à-dire nous avons de la truite de mer et de la merluche, dit Mackitchinson en tordant son tablier, et si vous voulez une côtelette de mouton, et une tarte de mûres sauvages..... en un mot, vous n'avez qu'à dire ce que vous désirez.

— Ce qui veut dire qu'il n'y a pas autre chose. Fort bien! le poisson, les côtelettes et la tarte nous suffiront. Mais n'imitez pas les délais prudens que vous louez dans les cours de justice, et ne nous renvoyez pas de la cour intérieure à la cour extérieure : m'entendez-vous?

— Non, non! répondit Mackitchinson, qui, ayant lu avec attention des volumes entiers de procédures de la

---

ecclésiastiques pt laïques, avec un président qui était originairement hom: d'église. Depuis long-temps les ecclésiastiques sont exclus de ces fonctions, auxquelles sont appelés les seuls hommes de loi. Les quinze juges réunis formaient le tribunal, qui jugeait en dernier ressort dans la chambre ou cour intérieure (*inner court*); mais chacun des juges à tour de rôle était détaché des autres, et, sous le titre de *lord-ordinary,* il siégeait dans une salle à part (*an outer Hall*), *cour extérieure,* pour y instruire les procès en première instance, et décider s'ils devaient être soumis à la cour assemblée. La cour des sessions, dans son organisation actuelle, est encore divisée en plusieurs chambres. Tous les juges sont traités de lord. C'est de cette cour suprême que sir Walter Scott est greffier. Cette explication suffira pour le sens du dialogue qui a amené la note. — Éᴅ.

cour des sessions, y avait appris quelques termes de la langue des lois; le dîner sera servi *quàm primùm*, et cela *peremptoriè*. Et avec le sourire flatteur d'un hôte qui fait une promesse, il les fit entrer dans son parloir, décoré des gravures des quatre Saisons.

Comme, malgré la promesse que l'hôte venait de faire, les glorieux délais des cours de justice pouvaient trouver un parallèle dans la cuisine de l'*Aubépine*, notre jeune voyageur profita de cette occasion pour obtenir dans la maison quelques renseignemens sur l'état et la qualité de son compagnon de voyage. Il ne recueillit que des détails d'une nature générale et peu authentiques, mais suffisans pour lui faire connaître le nom et les principales circonstances de l'histoire de l'homme que nous allons tâcher de faire connaître, en peu de mots, à nos lecteurs.

Jonathan Oldenbuck, nommé généralement par contraction Oldbuck de Monkbarns, était le second fils d'un gentilhomme qui possédait un petit domaine dans le voisinage d'un port de mer du nord-est de l'Écosse, que pour différentes raisons nous appelerons Fairport(1). Ses ancêtres y étaient établis depuis plusieurs générations, et, dans quelques comtés d'Angleterre, cette famille aurait pu passer pour avoir quelque importance. Mais dans le comté qu'elle habitait en Écosse, il s'en trouvait

(1) Ce motif vague de changer le nom de la ville en question rappelle le début du Don Quichotte : *En un lugar de la Mancha de cuyo nombre no quiero acordarme :* — Dans un village de la Manche dont je ne veux pas me rappeler le nom, etc. — Le village de la Manche était Argamasilla d'Alba. Le Fairport de l'*Antiquaire* est Arbroath ou Aberbrothick, dans le comté d'Angus, à quarante milles d'Édimbourg. — Éd.

de beaucoup plus anciennes, et surtout de beaucoup plus riches. Pendant la dernière génération, toute la noblesse des environs avait été presque universellement jacobite, tandis que les lairds de Monkbarns avaient constamment pris parti pour la succession protestante, de même que les bourgeois de la ville dont ils étaient voisins. Les Monkbarns avaient pourtant un arbre généalogique, dont ils faisaient autant de cas que ceux par qui il était méprisé estimaient leur origine saxonne, normande ou celtique. Le premier Oldenbuck qui s'était établi dans le domaine de la famille descendait, disaient-ils, d'un des inventeurs de l'imprimerie en Allemagne, et il avait quitté son pays à cause des persécutions dirigées contre ceux qui faisaient profession de la religion réformée. Il avait trouvé un asile dans la ville près de laquelle sa postérité demeurait encore, et il y avait été reçu d'autant plus volontiers qu'il avait été persécuté comme protestant. Mais ce qui lui ménageait surtout ce bon accueil, c'est qu'il apportait assez d'argent pour acheter le petit domaine de Monkbarns, mis en vente par un laird dissipateur, au père duquel le gouvernement l'avait octroyé avec d'autres biens de l'Église, après la destruction du grand et riche monastère auquel il avait appartenu. Les Oldenbucks se montraient donc sujets loyaux chaque fois qu'il survenait une insurrection ; et, comme ils vivaient en bonne intelligence avec la ville voisine, il arriva que le laird de Monkbarns qui florissait en 1745 en était prévôt pendant cette malheureuse année. Il avait montré le plus grand zèle en faveur du roi Georges, et il avait même fait, pour la cause de ce monarque, des dépenses que, suivant sa coutume libérale envers ses amis, le gouvernement ne lui avait jamais remboursées. Cependant, à force de sollicitations, et grace à son influence locale, il parvint à obtenir une place dans les douanes, et, comme il était économe et rangé, il s'était trouvé en état d'augmenter considérablement sa fortune patrimoniale. Il n'eut que deux fils, dont le laird actuel était le plus jeune, comme nous l'avons dit, et deux filles dont l'une jouissait encore des charmes du célibat : l'autre, beaucoup plus jeune, s'était mariée par inclination avec un capitaine du 42ᵉ régiment qui n'avait d'autre fortune que sa commission et sa généalogie highlandaise (1). L'indigence troubla une union que l'amour aurait rendue heureuse, et le capitaine Mac Intyre, pour soutenir sa femme et ses deux enfans, un garçon et une fille, s'était trouvé dans la nécessité d'aller chercher fortune dans les Indes orientales. Ayant fait partie d'une expédition contre Hider-Ali, son détachement fut coupé, et jamais sa malheureuse épouse n'avait pu savoir s'il avait succombé sur le champ de bataille, s'il avait été massacré en prison, ou s'il vivait encore dans une captivité dont le caractère du tyran des Indes ne laissait aucune espérance de le voir sortir. Elle ne put supporter le double fardeau du chagrin et de l'incertitude, et légua en mourant ses enfans aux soins de son frère, le laird actuel de Monkbarns.

L'histoire de celui-ci ne sera pas longue. Étant un fils puîné, comme nous l'avons déjà dit, son père se proposait de l'associer à une maison de commerce tenue par un parent de sa mère ; mais Jonathan se révolta contre cette proposition. On le fit donc entrer en qua-

(1) Les Highlanders ont en général de grandes prétentions à la noblesse. — Éᴅ.

lité de clerc chez un writer (1) ou procureur, et il y fit tant de progrès qu'il se mit parfaitement au fait de toutes les formes des investitures féodales. Il trouvait tant de plaisir à concilier leurs incohérences et à remonter à leur origine, que son maître avait grand espoir de le voir un jour devenir un habile conveyancer (2). Mais il s'arrêta au seuil du temple de Thémis, et quoiqu'il eût déjà acquis quelques connaissances sur l'origine et le système des lois de son pays, jamais on ne put le déterminer à les diriger vers un but pratique et lucratif. S'il trompait ainsi les espérances de son chef, ce n'était point par ignorance ou par oubli des avantages qui résultent de la possession des richesses. S'il était étourdi, disait le procureur, s'il avait la tête légère, s'il était *rei suæ prodigus*, prodigue de son avoir, je saurais que faire de lui; mais jamais il ne change un shilling sans regarder à deux fois s'il a bien son compte; il va plus loin avec six pences (*six sous*) que tout autre jeune homme de son âge avec une demi-couronne (*deux shillings et demi*); il passera des journées entières enfoncé dans la lecture d'un vieil acte du parlement en caractères gothiques, plutôt que d'aller au cabaret ou au *golf* (3), et cependant il ne donnera pas un de ses jours

(1) A writer (*to the signet*), un écrivain (*du sceau*). On appelle ainsi les procureurs, qui ont entre autres privilèges exclusifs celui de signer les actes (*writs*) revêtus du *sceau royal*. C'est une corporation très-nombreuse à Édimbourg. — Éd.

(2) Faiseurs de contrats : les writers exercent en même temps les fonctions de conveyancer (*notaire.*) — Éd.

(3) Le *golf* est le jeu du mail. Les joueurs sont armés d'un mail, marteau à deux têtes, avec un manche flexible et élastique : ils frappent et enlèvent une boule qu'il s'agit de loger en moins de coups

à une petite affaire de routine qui lui mettrait vingt shillings dans la poche : mélange bien étrange d'économie et d'indolence, de négligence et d'industrie. Je ne sais véritablement qu'en faire.

Mais, avec le temps, son élève obtint les moyens de faire de lui-même ce que bon lui semblait. Son père mourut, et son frère aîné ne lui survécut pas longtemps. C'était un chasseur intrépide; et il mourut des suites d'un catarre qu'il avait gagné en chassant des canards sauvages dans le marais appelé Kitllefitling-moss, quoiqu'il eût bu dans la matinée une bouteille d'eau-de-vie pour préserver son estomac du froid. Jonathan entra donc en possession du domaine de la famille, et eut le moyen de subsister sans s'occuper des viles subtilités de la chicane. Ses désirs étaient bornés, et comme ses revenus augmentaient en proportion de l'amélioration générale du pays, ils excédèrent bientôt ses besoins et ses dépenses; or, s'il était trop indolent pour gagner de l'argent, il n'était nullement insensible au plaisir de le voir s'accumuler dans ses coffres. Les bourgeois de la ville voisine le regardaient avec une sorte d'envie, comme un homme qui affectait de se séparer d'eux dans la société, et dont les goûts et les plaisirs leur paraissaient également incompréhensibles. Cependant il conservait parmi eux une sorte de prépondérance, grace au respect héréditaire qu'ils avaient pour les lairds de Monkbarns, respect qu'augmentait encore sa réputation d'homme à argent comptant. Les gentilshommes campagnards étaient en général au-dessus

---

possible dans une série de trous. Il y a à Édimbourg une compagnie de *golfers* (joueurs de mail) qui jadis n'avait guère moins d'importance que la compagnie des archers. — ÉD.

de lui pour la fortune, et fort au-dessous du côté de l'intelligence; aussi les voyait-il fort peu, un seul excepté avec lequel il était plus intimement lié. Il avait d'ailleurs les ressources locales ordinaires; le ministre et le docteur étaient à ses ordres quand il le désirait; et ses goûts particuliers lui donnaient beaucoup d'occupation, étant en correspondance suivie avec la plupart des amateurs d'antiquité qui, comme lui, cherchaient à reconnaître des retranchemens détruits, tiraient des plans de châteaux ruinés, déchiffraient des inscriptions illisibles, et écrivaient des essais sur des médailles, à raison de douze pages par chaque lettre de la légende. Il s'irritait facilement; c'était une habitude qu'il avait contractée depuis qu'il avait, disait-on, été trompé dans ses premiers et derniers amours à Fairport, ce qui l'avait rendu *misogyne* (1), comme il se nommait lui-même, mais surtout parce qu'il était gâté par les soins et les attentions qu'avaient pour lui sa vieille sœur et sa jeune nièce. Il les avait habituées à le regarder comme le plus grand homme du monde, et il les citait comme les seules femmes qu'il eût jamais vues domptées et dressées à l'obéissance. Il faut pourtant convenir que miss Grizzy Oldbuck était quelquefois portée à regimber, lorsqu'il tenait les rênes trop serrées. Le reste de son caractère se développera dans le cours de cette histoire, et nous renonçons avec plaisir à la tâche pénible d'en récapituler tous les traits.

Pendant le dîner, M. Oldbuck, pressé par la même curiosité que son compagnon de voyage avait éprouvée à son égard, profita des privilèges que lui donnaient son

---

(1) Ennemi du sexe. — Tr.

âge et sa situation dans le monde, pour s'informer d'une manière plus directe du nom, de la qualité et des projets du jeune homme.

Celui-ci lui apprit qu'il se nommait Lovel.

— Quoi! le *chat*, le *rat*, et *notre chien Lovel?* Descendez-vous du favori du roi Richard (1)?

— Il n'avait pas, répondit-il, de prétentions à une si haute lignée dans la race canine. Son père était un gentilhomme du nord de l'Angleterre. Il se rendait en ce moment à Fairport (ville près de laquelle était situé Monkbarns), et s'il en trouvait le séjour agréable, il y passerait peut-être quelques semaines.

— Le voyage de M. Lovel n'avait-il que le plaisir pour objet?

— Pas tout-à-fait.

— Peut-être quelque affaire avec des négocians de Fairport?

— Il y avait quelques affaires, mais qui n'avaient aucun rapport au commerce.

Il n'en dit pas davantage, et M. Oldbuck, ayant poussé

---

(1) Sous le règne de Richard III, un nommé Collingbourne fit les deux vers suivans :

A Rat, à Cat and Lovel our dog
Rule all England under a hog.

— « Un *rat*, un *chat* et *Lovel* notre *chien* gouvernent toute l'Angleterre sous un *porc*. » Le rat était *Ratcliffe*, le chat *Catesby*, et lord Lovel était nommé en toutes lettres, parce que c'était alors fréquemment un nom de chien. Quant au porc, c'était Richard lui-même. Ce distique contre le roi et ses favoris fut puni de la peine de mort. Le nom de Lovel est aussi un nom de roman et de comédie. — Éd.

les questions aussi loin que l'usage du monde le permettait, fut obligé de changer de conversation. Notre antiquaire n'était nullement ennemi de la bonne chère, mais il était ennemi déterminé de toute dépense superflue en voyage, et quand son compagnon lui proposa une bouteille de vin de Porto, il fit un tableau effrayant du mélange qu'on vendait en général sous ce nom, et prétendant qu'un verre de punch serait plus salutaire et plus convenable à la saison, il avança la main vers la sonnette pour en demander. Mais Mackitchinson avait déjà déterminé ce que ses hôtes devaient boire, et il parut en ce moment tenant en main une énorme bouteille de double mesure, ce qu'on appelle en Écosse un *Magnum*, couverte de sciure de bois et de toiles d'araignées, preuve incontestable de son antiquité.

— Du punch! répéta-t-il, ayant entendu ce mot en entrant dans la chambre. Du diable si vous avez ici aujourd'hui une goutte de punch, Monkbarns; comptez sur ce que je vous dis.

— Que voulez-vous dire, impertinent?

— N'importe, n'importe! Avez-vous oublié le tour que vous m'avez joué la dernière fois que vous êtes venu ici?

— Moi, je vous ai joué un tour!

— Vous-même, Monkbarns. Le laird de Tamlowrie, sir Gilbert Grizzlecleugh, le vieux Rossballoh, étaient ici à passer la soirée autour d'un bowl de punch quand vous vintes avec quelques-unes de vos histoires du temps passé, auxquelles il n'y a pas un homme qui puisse résister, les emmener derrière la maison pour leur faire voir je ne sais quel ancien camp romain. Ah! monsieur, ajouta-t-il en se tournant vers Lovel, il ferait descendre les oiseaux des arbres pour écouter ses vieilles histoires ; et il m'a fait perdre l'occasion de vendre six bonnes bouteilles de vin de Bordeaux et peut-être plus, car du diable si un d'eux se fût levé avant qu'elles eussent été vides.

— Entendez-vous l'impudent fripon ? dit Oldbuck en riant, car le digne aubergiste se vantait, non sans quelque raison, de connaître la mesure du pied de ses hôtes aussi bien qu'aucun cordonnier d'Écosse. Eh bien ! eh bien ! vous pouvez nous envoyer une bouteille de Porto.

— De Porto ! non, non. Laissez le punch et le Porto aux gens de mon espèce ; c'est du Bordeaux qu'il faut à des hommes comme vous ; et j'ose dire que pas un des gens d'autrefois dont vous parlez si souvent n'en a jamais bu d'aussi bon que celui que je vous apporte.

— N'admirez-vous pas le ton impératif du fripon ? Eh bien ! mon jeune ami, il faut, pour cette fois, que nous donnions la préférence au Salerne sur le *vile Sabinum*.

L'aubergiste déboucha la bouteille à l'instant, décanta le contenu dans une carafe d'une capacité convenable, et déclarant que le bouquet en parfumait la chambre, laissa à ses hôtes le soin d'y faire honneur.

Le vin de Mackitchinson était réellement bon, et il anima l'imagination du vieillard, qui raconta quelques bonnes histoires, fit quelques plaisanteries grivoises, et finit par entamer une discussion savante sur les anciens auteurs dramatiques. Mais c'était un terrain sur lequel il trouva sa nouvelle connaissance si fermement établie, qu'il commença à soupçonner qu'il en avait fait une étude particulière.

— Un homme qui voyage partie pour affaires, partie par plaisir, pensa-t-il. Eh mais ! le théâtre réunit l'un et l'autre. C'est un travail pour les acteurs, et il procure, ou du moins il est censé procurer du plaisir aux spectateurs. — Son ton et ses manières semblent l'élever au-dessus de la plupart de ceux qui se vouent à cette profession : mais je me souviens d'avoir entendu dire qu'un jeune homme qui n'a jamais paru sur aucun théâtre doit débuter sur celui de Fairport lors de son ouverture. Si c'était ce Lovel? Lovel! oui, Lovel, Belville, sont des noms que des jeunes gens prennent souvent en pareil cas. Sur ma foi, j'en suis fâché pour lui.

M. Oldbuck était naturellement économe, mais son économie n'avait rien de sordide. Sa première pensée fut d'épargner à son compagnon de voyage sa part de l'écot, présumant que cette dépense, dans sa situation, devait lui être plus ou moins à charge. Il prit donc un prétexte pour sortir, et solda le compte de Mackitchinson. Le jeune voyageur, lui fit des remontrances inutiles, et ne céda que par déférence pour son âge et son rang.

Charmés réciproquement de la compagnie l'un de l'autre, M. Oldbuck proposa à Lovel de ne pas se séparer jusqu'à la fin de leur voyage : celui-ci y consentit avec plaisir. M. Oldbuck insista pour payer les deux tiers des frais d'une chaise de poste, prétendant qu'il y occuperait plus de place, mais Lovel s'y refusa positivement. La dépense fut donc égale de part et d'autre, si ce n'est que M. Lovel glissait de temps en temps un shilling dans la main d'un postillon qui murmurait; car Oldbuck, tenant aux anciens usages, ne portait jamais la libéralité au-delà de dix-huit pences par relai. Voyageant de cette manière, ils arrivèrent à Fairport le lendemain vers deux heures.

Lovel s'attendait probablement que son compagnon

de voyage l'inviterait à dîner en arrivant; mais Oldbuck n'en fit rien, soit qu'il sût que sa maison n'était pas montée de manière à y recevoir des hôtes non attendus, soit pour quelque autre raison. Il se contenta de l'engager à venir le voir quelque après-midi, le plus tôt qu'il lui serait possible, et le recommanda à une veuve qui louait des appartemens garnis, et à un homme qui tenait une table d'hôte fréquentée par la bonne compagnie. Il eut pourtant soin de les prévenir tous deux en particulier qu'il ne connaissait M. Lovel que comme un compagnon de voyage agréable, et qu'il n'entendait nullement être garant des dettes qu'il pourrait contracter à Fairport. L'air et la tournure du jeune homme, pour ne rien dire d'une malle bien garnie qui lui arriva par mer le lendemain, inspirèrent probablement autant de confiance en lui que la recommandation limitée de M. Oldbuck.

CHAPITRE III.

« On voit chez lui des temps passés
» Briller la splendide dépouille,
» Des casques rongés par la rouille ;
» De vieux tessons de pots cassés :
» Dont plusieurs datent du déluge (1). »

BURNS.

Après s'être établi dans son nouvel appartement à Fairport, M. Lovel pensa à rendre visite à son compagnon de voyage, comme il le lui avait promis. Il ne l'avait pas fait plus tôt parce que le vieillard, malgré sa bonne humeur et ses connaissances, avait quelquefois pris avec lui, dans ses discours et dans ses manières, un air de supériorité que notre jeune homme ne trouvait

(1) Cette épigraphe, qui annonce si distinctement le sujet du chapitre, est empruntée à l'ode plaisante composée par Burns sur les pèlerinages du capitaine Grose, fameux antiquaire son contemporain, et qui a laissé d'excellens écrits sur l'Ecosse. C'est du même poëme qu'est tirée l'épigraphe des *Contes de mon Hôte*.

ED.

pas suffisamment justifié par la différence d'âge ; il attendit donc que son bagage arrivât d'Édimbourg, afin de s'habiller à la mode du jour, et d'une manière qui répondît au rang qu'il supposait ou qu'il savait pouvoir tenir dans la société.

Ce ne fut que le cinquième jour après son arrivée que M. Lovel prit les informations nécessaires sur la route, et vint saluer le laird de Monkbarns. Un sentier traversant deux ou trois prairies le conduisit à sa maison, située sur le revers d'une hauteur d'où l'on avait une vue superbe de la baie et des navires en rade (1). Séparée de la ville par l'éminence, qui la mettait aussi à l'abri des vents du nord-ouest, cette maison avait un air de retraite et de solitude. L'extérieur n'en était guère remarquable. C'était un bâtiment antique et irrégulier qui avait servi autrefois de grange et de ferme, et habité par le bailli ou intendant du monastère quand ce domaine était une propriété ecclésiastique. La communauté y emmagasinait le grain qu'elle recevait de ses vassaux à titre de redevance foncière ; car, avec une prudence vraiment monacale, elle stipulait toujours que le paiement de ses revenus se ferait en nature, et de là venait le nom de Monkbarns (2), comme le propriétaire actuel aimait à le dire. Les laïques qui avaient succédé au bailli dans cette habitation y avaient fait différentes additions, suivant le besoin de leur famille, et comme ils n'avaient consulté ni les convenances intérieures ni la régularité de l'architecture,

(1) C'est cette vue qui a fourni le sujet de la vignette de ce volume. — Éd.

(2) Monkbarns signifie littéralement *Grange des moines*. — Éd.

l'ensemble figurait un hameau arrêté tout à coup au milieu d'une danse conduite par l'instrument d'Amphion ou d'Orphée. Il était entouré de haies formées par des ifs et des houx taillés en figures fantastiques : dans quelques-uns le talent de l'artiste *topiarien* (1) avait su figurer des fauteuils, des tours, saint Georges et le dragon, etc. Le goût de M. Oldbuck ne déclarait point la guerre à ces monumens d'un art inconnu aujourd'hui, et il en était d'autant moins tenté, que c'eût été un crève-cœur pour le vieux jardinier. Cependant un grand houx, dont les branches formaient un berceau, avait été respecté par le fer ; sous son ombrage, Lovel trouva son vieil ami assis sur un banc de gazon, les lunettes sur le nez, et lisant attentivement la Chronique de Londres (2), au bruit harmonieux de la brise d'été qui frémissait dans le feuillage, et auquel se mêlait le lointain murmure des vagues qui venaient mourir sur le sable des grèves.

M. Oldbuck se leva aussitôt, et prit la main de son compagnon de voyage en lui disant qu'il était le bienvenu.—Par ma foi, ajouta-t-il, je commençais à croire que vous aviez changé d'idée ; que vous aviez trouvé les stupides habitans de Fairport trop ennuyeux, pour être dignes de vos talens, et que vous aviez pris congé d'eux à la française (3), comme le fit mon ami et mon confrère l'antiquaire Mac-Cribb,

---

(1) L'*Ars topiaria* est l'art de tailler les ifs et arbres verts en figures bizarres. Il existe un poëme latin intitulé *Ars topiaria*, qui donne de curieux détails sur cette espèce d'architecture végétale. — Éd.

(2) *London Chronicle*, journal. — Éd.

(3) *French' leave*. S'en aller sans rien dire. — Éd.

quand il m'emporta une de mes médailles syriennes.

— J'espère, mon cher monsieur, que je n'aurais jamais mérité un tel reproche.

— Vous n'auriez pas mieux fait, si vous étiez parti sans me procurer le plaisir de vous revoir. J'aurais préféré que vous m'eussiez pris mon Othon de cuivre lui-même. Mais venez, que je vous montre mon *sanctum sanctorum*, ma cellule, puis-je dire; car excepté deux fainéantes de la gent femelle (c'était par cette phrase de mépris que M. Oldbuck avait appris de son confrère, le cynique Antoine Wood (1), à désigner le beau sexe en général, et sa sœur et sa nièce en particulier) qui, sous un sot prétexte de parenté, se sont établies dans mon logis, je vis ici en cénobite, tout aussi-bien que mon prédécesseur John de Girnell, dont une autre fois je vous ferai voir le tombeau.

En parlant ainsi, il le conduisit vers une porte basse; mais avant d'entrer il s'arrêta en face tout à coup, pour montrer à son compagnon quelques vestiges de ce qu'il appelait une inscription; et hochant la tête comme pour la prononcer indéchiffrable: — Ah! M. Lovel, s'écria-t-il, si vous saviez le temps et le mal que m'ont coûtés ces traces de lettres presque entièrement effacées! Jamais travail d'enfantement n'a été si pénible pour une mère! et tout cela sans fruit! Je soutiens pourtant que ces deux dernières marques indiquent les chiffres, ou les lettres LV, ce qui peut fournir une assez bonne conjecture sur l'époque où ce bâtiment a été construit,

(1) Anthony Wood, né à Oxford en 1632, et mort en 1695. On a de lui: *Historia et antiquitates universitatis oxoniensis*, 3 vol. in-4, et *Atheæ oxonienses*. Il y a dans ces ouvrages plus de détails biographiques que d'antiquités. — Éd.

d'autant plus que nous savons *aliundè* qu'il a été fondé par l'abbé Waldimir, vers le milieu du quatorzième siècle; je crois même que des yeux meilleurs que les miens pourraient distinguer quel est l'ornement dont cette inscription était surmontée.

— Il me semble, dit Lovel pour entrer dans le goût du vieillard, qu'il ressemble beaucoup à une mitre.

— Vous avez raison! je proteste que vous avez raison! jamais cela ne m'avait frappé. Voyez ce que c'est que d'avoir de jeunes yeux. Une mitre! oui, c'est bien une mitre, cela y ressemble à tous égards.

La ressemblance n'était guère plus forte que celle du nuage de Polonius à une baleine ou à un merle (1); mais elle suffisait pour faire travailler le cerveau de l'antiquaire : — Une mitre, mon cher monsieur, continua-t-il en lui montrant le chemin à travers un labyrinthe de corridors étroits et obscurs, et en interrompant sa dissertation pour guider son hôte par quelques avis salutaires; une mitre convenait à notre abbé aussi bien qu'à un évêque, car c'était un abbé mitré, un haut dignitaire de l'Église. — Prenez garde à ces trois marches. — Je sais que Mac-Cribb le nie; mais c'est un fait aussi constant qu'il est certain qu'il m'a pris mon Antigone sans demander la permission. Vous verrez le nom de l'abbé de Trotcosey, *abbas trottocosiensis*, à la tête des rôles du parlement dans les quatorzième et quinzième siècles. — Il y a peu de jour ici, et cette maudite gent femelle laisse toujours quelques baquets dans le passage. Maintenant prenez garde à ce coin; montez douze marches, et vous êtes arrivé.

(1) Shakspeare, *Hamlet*. — Éd.

Il était déjà lui-même au haut de l'escalier tournant qui conduisait à son appartement, et, en ouvrant la porte, à peine eut-il poussé un morceau de tapisserie qui la couvrait, qu'il s'écria : — Que faites-vous ici, impertinente? Une servante à pieds nus, prise en flagrant délit, tandis qu'elle cherchait à nettoyer le *sanctum sanctorum*, laissa tomber son torchon, et s'enfuit par une autre porte pour éviter la présence de son maître courroucé.

Une jeune fille jolie et bien mise, qui surveillait l'opération, n'abandonna pas ainsi le terrain, et dit, quoique d'un air timide :

— En vérité, mon oncle, votre chambre était dans un état à ne pouvoir être vue, et j'étais ici pour veiller à ce que Jenny remît chaque chose à sa place.

M. Oldbuck n'aimait pas l'ordre et la propreté plus que le docteur Orkborne, ou tout autre savant de profession : — Et comment, dit-il, vous ou Jenny osez-vous vous mêler de mes affaires particulières? occupez-vous de votre aiguille, et que je ne vous retrouve plus ici si vous faites cas de vos oreilles. — Croiriez-vous, M. Lovel, que la dernière incursion de ces prétendues amies de la propreté fut presque aussi fatale à ma collection que la visite d'Hudibras le fut à celle de Sidrophel, et que je pourrais dire comme lui :

> « J'ai beau chercher, je ne retrouve plus
> » Mes almanachs, mon cercle constellaire,
> » Mon zodiaque et mon cadran lunaire.
> » Le même jour sont aussi disparus
> » Le pou, la puce, et jusqu'à la punaise
> » Que j'achetai pour les voir plus à l'aise. »

Et cœtera, comme continue le vieux Butler (1).

(1) Auteur d'*Hudibras*. — Éd.

La jeune nièce avait profité de cette tirade pour s'échapper après avoir fait une révérence à Lovel.

— Vous allez être étouffé ici, dit l'antiquaire, par le tourbillon de poussière qu'elles ont fait lever; mais je vous assure que c'est une poussière fort antique, une poussière paisible il y a une heure, et qui l'aurait encore été de même pendant un siècle, si ces Égyptiennes (1) n'étaient venues la troubler, comme elles troublent tout dans le monde.

Il se passa en effet quelques instans avant que Lovel, à travers cette sombre atmosphère, pût voir dans quelle espèce d'antre son ami avait établi son cabinet. C'était une chambre fort élevée, de moyenne largeur, et faiblement éclairée par deux croisées hautes, étroites, et garnies d'un treillis. On apercevait d'abord des tablettes chargées de livres; mais comme le nombre n'en était pas proportionné à celui des volumes, ils y étaient disposés sur deux et trois rangs de profondeur, tandis que beaucoup d'autres étaient par terre ou sur des tables, confondus dans un chaos de cartes géographiques, de gravures, de feuilles de parchemin, de liasses de papiers, de vieilles armes de toute espèce, épées, dirks, casques et targes highlandaises. Derrière le siège de M. Oldbuck, grand fauteuil couvert en cuir devenu luisant à force d'avoir servi, était une grande armoire en chêne, décorée à chaque coin de chérubins hollandais avec leurs petites ailes de canard déployées, et une grosse tête joufflue au milieu. Le dessus de cette armoire était couvert de bustes, de patères et de lampes romaines avec quelques figures de bronze. Une vieille

---

(1) Bohémiennes, Gypsies. — Éd.

tapisserie à personnages, représentant l'histoire mémorable des noces de sir Gawaine, cachait en partie la muraille. On y avait rendu justice complète à la laideur de sa dame, mais à en juger par son propre portrait, le bon chevalier n'était pas aussi bien fondé que le romancier le prétend à se plaindre de la disproportion des avantages extérieurs répartis entre son épouse et lui. Le reste de l'appartement était décoré d'une boiserie en chêne contre laquelle on voyait suspendus deux ou trois portraits de héros armés de pied en cap, personnages illustres de l'ancienne histoire d'Écosse, et favoris de M. Oldbuck, avec quelques autres représentant plusieurs de ses ancêtres en habit brodé et en perruque à marteaux. Une immense et antique table de chêne était entièrement couverte de papiers, de parchemins, de livres, et d'ustensiles de différens métaux qu'il serait impossible de décrire, et qui n'avaient guère d'autre mérite que la rouille qui en annonçait l'antiquité. Au milieu de ces débris des temps passés, et avec une gravité comparable à celle de Marius assis sur les ruines de Carthage, était un gros chat noir qui à des yeux superstitieux aurait pu passer pour le *genius loci*, le démon tutélaire de l'appartement. Le plancher, la table, les chaises, tout en un mot était inondé par cette mer de babioles savantes, parmi lesquelles il aurait été aussi difficile de trouver l'objet qu'on aurait cherché, que d'en faire un usage quelconque après l'avoir trouvé.

A travers cet amas confus il n'était pas facile de se faire jour jusqu'à une chaise, sans heurter contre quelque in-folio gisant par terre, et sans courir le risque bien plus grand encore de renverser quelque fragment d'ancienne poterie romaine ou celtique. En arrivant à la chaise, il fallait la débarrasser avec soin de gravures qui auraient pu éprouver quelque dommage, et de quelques paires d'éperons et de boucles antiques qui en auraient certainement occasioné à quiconque s'y serait assis sans précaution. L'antiquaire eut grand soin d'en prévenir Lovel, ajoutant que son ami le révérend docteur Heavysterne des Pays-Bas s'était blessé d'une manière sérieuse en s'asseyant brusquement et sans attention sur trois chausse-trappes, espèce de cheval de frise, déterrées tout récemment dans la fondrière près de Bannockburn, et qui, après avoir été disposées là par Robert Bruce pour blesser les pieds des chevaux anglais, avaient servi, avec le temps, à endommager la partie postérieure d'un savant professeur d'Utrecht.

Lovel parvint enfin à s'asseoir sans danger, et s'empressa de demander sur les objets étranges qui l'entouraient des renseignemens que son hôte était très-disposé à lui donner; Oldbuck lui fit d'abord faire connaissance avec un gros bâton dont le bout était armé d'une pointe de fer, et qui, lui dit-il, avait été trouvé depuis peu dans un camp dépendant du domaine de Monkbarns, non loin d'un ancien cimetière. Il ressemblait beaucoup au bâton que portent ordinairement les montagnards écossais dans leurs émigrations annuelles pour aller travailler à la moisson dans le plat pays. Mais M. Oldbuck était fortement tenté de croire, d'après sa forme singulière, que c'était une de ces massues dont les moines armaient jadis leurs paysans, à défaut d'armes plus guerrières, d'où venait, ajouta-t-il, le nom de *colvecarles*, ou *kolb-kerls*, qu'on donnait aux vilains, ce qui signifiait *clavigeri* ou porte-massues. A l'appui de son opinion, il cita la chronique d'Anvers et celle de Saint-

Martin, autorités contre lesquelles Lovel n'avait rien à opposer, attendu que c'était la première fois qu'il en entendait parler.

M. Oldbuck lui montra ensuite des menottes qui avaient autrefois donné la crampe aux pouces des sectateurs du Covenant, et un collier de fer sur lequel était gravé le nom d'un drôle convaincu de vol, et qui avait été condamné à servir un baron du voisinage, au lieu du châtiment écossais moderne qui envoie ces sortes de coupables enrichir l'Angleterre par leur travail et eux-mêmes par leur industrie. Il lui fit remarquer un grand nombre d'autres curiosités; mais ses livres étaient ce dont il était le plus fier, et en le conduisant vers les tablettes couvertes de poussière sur lesquelles ils étaient entassés, il répéta d'un air de complaisance ces vers de Chaucer :

« A son chevet il aime mieux enfin
» Savans traités sur la philosophie,
» Bien reliés en cuir ou parchemin,
» Que ces trésors qui font naître l'envie. »

Il déclama cette citation avec l'accent guttural de la vraie prononciation anglo-saxonne, aujourd'hui presque oubliée dans le sud de ce royaume.

Sa collection au surplus était véritablement curieuse, et un amateur aurait pu en être jaloux (1). Elle ne lui avait pourtant pas coûté ces prix énormes des temps modernes, qui auraient suffi pour faire pâlir le plus déterminé comme le plus ancien des bibliomanes dont

(1) Voyez dans le *Voyage hist. et litt. en Écosse* la description du cabinet d'Abbotsford : il y a un peu de toutes ces curiosités, mais avec plus d'ordre et moins de poussière. — ÉD.

l'histoire fasse mention, et qui n'est autre, à mon avis, que le renommé don Quichotte de la Manche, lequel, comme le dit son véridique historien, Cid Hammet Benengeli, entre autres légers indices de faiblesse d'esprit, donna celui d'échanger des champs et des fermes contre des in-quartos et des in-folios de chevalerie. Cet exploit du bon chevalier errant a été imité de nos jours par bien des lords, des chevaliers et des écuyers, quoique nous n'en ayons encore entendu citer aucun qui ait pris une auberge pour un château, et mis la lance en arrêt contre un moulin à vent. M. Oldbuck n'avait pas suivi l'exemple de ces amateurs dans leurs dépenses excessives; mais, faisant son plaisir du soin de former sa bibliothèque, il avait économisé sa bourse aux dépens de son temps et de ses peines. Il n'encourageait pas cette race ingénieuse d'entremetteurs péripatéticiens qui, se plaçant adroitement entre l'obscur bouquiniste et le riche amateur, font également leur profit de l'ignorance du premier et du goût savant que l'autre a payé si cher. Quand on citait devant lui quelqu'un de ces bibliomanes, il ne manquait jamais de faire sentir combien il était important de se procurer de première main l'objet qu'on désirait avoir, et il racontait alors son histoire favorite de Davy-le-Barbouillé et du *Traité des échecs* de Caxton.

— Davy Wilson, disait-il, communément appelé Davy-le-Barbouillé, parce qu'il avait toujours le nez noir de tabac, était le phénix des furets pour déterrer des ouvrages rares dans des boutiques borgnes, situées dans des allées obscures et des culs-de-sac ignorés. Il avait l'odorat d'un chien d'arrêt, et la ténacité d'un bouledogue. Il vous trouvait une vieille ballade en

lettres gothiques parmi les feuilles de papier pour la
beurrière, et une édition *Princeps* sous le masque d'un
Corderius à l'usage des écoles. Ce Davy-le-Barbouillé
acheta d'un bouquiniste de Hollande, pour deux *groschen*, two pence (deux sous) de notre monnaie, le
Traité des échecs de Caxton, 1474, le premier livre imprimé en Angleterre. Il le vendit à Osborne vingt livres
sterling, outre d'autres ouvrages dont il tira encore une
pareille somme. Osborne vendit cette œuvre inappréciable soixante guinées au docteur Askew. A la mort
du docteur, ce trésor fut enfin porté à tout son prix, et
fut acheté par le roi lui-même cent soixante-dix livres (1). Si l'on en trouvait aujourd'hui un second exemplaire, s'écriait-il alors en soupirant et en levant les
bras au ciel, Dieu seul sait quel serait son prix ! et cependant, à force de recherches, il ne coûta dans l'origine que deux pences sterling (2). Heureux, trois fois
heureux Davy-le-Barbouillé ! et heureux aussi le temps
où l'industrie pouvait être ainsi récompensée !

— Moi-même, monsieur, ajouta M. Oldbuck, quoique
bien inférieur à ce grand homme en industrie, en discernement et en présence d'esprit, je puis vous montrer un petit nombre, un bien petit nombre d'ouvrages
que je me suis procurés, et ce n'est pas à force d'argent,
ce que tout homme riche pourrait faire, — quoiqu'il
pourrait bien aussi ne prodiguer son or que pour prouver son ignorance, comme dit mon ami Lucien ; non,
non, la manière dont j'ai acquis tout ce que vous voyez
témoigne que je m'y entends quelque peu. Voyez cette
collection de ballades ; pas une n'est plus moderne que

(1) 4,060 fr. — Éd.
(2) 4 sous de France. — Éd.

1700, et quelques-unes ont un siècle de plus. Je les ai soutirées à une vieille femme qui les aimait mieux que son psautier. Et que lui ai-je donné pour équivalent? un peu de tabac et *La parfaite Syrène*. Cet exemplaire mutilé des *Plaintes de l'Écosse* ne m'a coûté que la peine de boire quelques douzaines de bouteilles de double ale avec celui qui en était propriétaire, et qui, par reconnaissance, me l'a légué dans son testament. Ces petits Elzévirs sont les trophées de maintes promenades que j'ai faites le soir comme le matin dans Cowgate, Canongate, le Bow et Sainte-Mary's-Wynd (1), en un mot, partout où il se trouvait des troqueurs, des revendeurs, des trafiquans en choses rares et curieuses. Que de fois j'ai marchandé jusqu'à un demi-sou, de crainte qu'en accordant trop aisément le premier prix qu'on me demandait, je ne fisse soupçonner la valeur que j'attachais à l'ouvrage. Que de fois j'ai tremblé que quelque passant ne vînt se mettre entre moi et ma prise! que de fois j'ai regardé le pauvre étudiant en théologie qui s'arrêtait pour ouvrir un livre sur l'étalage, comme un amateur rival ou un libraire déguisé! Et puis, M. Lovel, quelle satisfaction de payer le prix convenu, et de mettre le livre dans sa poche, en affectant une froide indifférence, tandis que la main frémit de plaisir! Quel bonheur d'éblouir les yeux de nos rivaux plus opulens en leur montrant un trésor comme celui-ci (ouvrant un petit livre enfumé, du format d'un livre d'heures), de jouir de leur surprise et de leur envie, en ayant soin de cacher sous un voile mystérieux le sentiment de son adresse et de ses connaissances supérieures! Voilà, mon jeune

(1) Quartier d'Edimbourg. Un wynd est une allée ou rue étroite.
Éd.

ami, voilà les momens de la vie qu'il faut marquer d'une pierre blanche, et qui nous paient des peines, des soins et de l'attention soutenue que notre profession exige plus que toutes les autres.

Lovel ne s'amusait pas peu en entendant le vieillard discourir de cette manière; et, quoiqu'il ne fût pas capable de rendre pleine justice à tous les trésors qu'on lui montrait, il témoignait autant d'admiration qu'Oldbuck pouvait l'espérer. Ici était une édition estimée parce qu'elle est la première de l'ouvrage; là, une autre qui ne l'est guère moins parce qu'elle en est la dernière. Tel livre était précieux parce qu'il contenait les dernières corrections de l'auteur; tel autre, chose bien étrange, parce qu'elles ne s'y trouvaient pas. Tel ouvrage était recherché parce qu'il était in-folio, tel autre parce qu'il était in-12. Le mérite de ceux-ci consistait dans un grand format, le prix de ceux-là dans leur extrême petitesse. L'un tirait toute sa valeur de son titre, un autre de l'arrangement des lettres dans le mot *finis*. Enfin il semblait qu'il n'existât aucune distinction particulière, quelque frivole et minutieuse qu'elle fût, qui ne pût donner de la valeur à un ouvrage, pourvu que la qualité indispensable de la rareté y fût attachée.

Une classe d'ouvrages qui n'était pas la moins attrayante était ces chefs-d'œuvre imprimés sur un carré de papier, qu'on avait criés dans le temps à un sou dans les rues, et dont on donne aujourd'hui le poids de ce sou en or, quand on a le bonheur de les rencontrer, sous leur livrée originaire, comme : « Les dernières paroles prononcées sur l'échafaud par... » — « Meurtre épouvantable. » — « Merveilleuse merveille des merveilles, etc. » L'antiquaire n'en parlait qu'avec trans-

port, et en lisait avec emphase les titres élaborés, qui avaient autant de rapport avec l'ouvrage qui suivait, que les tableaux suspendus à la porte d'une ménagerie en ont avec les animaux qu'ils sont censés représenter. Entre autres curiosités de ce genre, M. Oldbuck se vantait surtout de posséder un exemplaire unique d'un de ces chefs-d'œuvre, intitulé : « Étranges et merveil-
« leuses nouvelles de Chipping-Norton, dans le comté
« d'Oxford; apparitions effroyables qui furent vues dans
« l'air le 26 juillet 1610, à neuf heures et demie du ma-
« tin, et qui durèrent jusqu'à onze : auquel temps on vit
« plusieurs épées enflammées paraître dans les airs, les
« orbes supérieurs agités par des mouvemens étranges,
« et les étoiles briller d'une manière inusitée, avec la
« continuation de ces merveilles; plus, la Relation de
« l'ouverture des cieux et des signes surprenans qui s'y
« montrèrent, avec plusieurs autres circonstances dont
« aucun siècle n'avait été témoin, au grand étonnement
« des spectateurs, ainsi que le tout est contenu dans une
« lettre adressée à M. Colley, demeurant dans West-
« Smithfield, et attesté par Thomas Brown, Élisabeth
« Greenaway et Anne Cutheridge, qui furent témoins
« de ces effrayantes apparitions ; et quiconque voudra
« s'assurer encore mieux de la vérité de cette relation,
« peut s'adresser à M. Nightingale, dans West-Smith-
« field, à l'auberge de *l'Ours*, où il sera satisfait. »

—Vous riez de tout cela, dit le propriétaire de cette collection ; et je vous le pardonne. Je reconnais que les charmes dont nous sommes épris ne sont pas aussi frappans pour les yeux de la jeunesse que ceux d'une belle dame ; mais vous serez plus sage et vous apprécierez mieux les choses quand vous en viendrez à porter des lunettes. Un instant, j'ai encore un autre reste d'antiquité qui vous plaira peut-être davantage.

Tout en parlant ainsi, M. Oldbuck ouvrit un tiroir, y prit un trousseau de clefs, et leva un morceau de tapisserie qui cachait la porte d'un petit cabinet dans lequel il entra en descendant quatre marches. Lovel y entendit remuer des pots et des bouteilles, et vit bientôt l'antiquaire revenir avec deux verres en forme de cloche, montés sur de très-hauts pieds, tels qu'on en voit dans les tableaux de Téniers, une petite bouteille de ce qu'il appelait vieux vin des Canaries, et un morceau de gâteau sur un plateau d'argent, d'un travail exquis, mais antique.

— Je ne vous dirai rien du plateau, dit l'antiquaire, quoiqu'on assure qu'il est l'ouvrage du vieux fou de Florentin Benvenuto Cellini. Mais, M. Lovel, nos ancêtres buvaient du vin des Canaries. Vous qui connaissez le théâtre, vous savez où l'on en trouve la preuve. A vos succès à Fairport!

— A l'accroissement de votre trésor, monsieur, et puisse-t-il s'augmenter sans vous donner d'autre peine que celle qui est nécessaire pour rendre vos acquisitions précieuses!

Après une libation si bien assortie à l'amusement qui les avait occupés, M. Lovel se leva pour se retirer, et M. Oldbuck se disposa à l'accompagner une partie du chemin pour lui montrer quelque chose qui méritait d'être vu sur la route de Fairport.

CHAPITRE IV.

> « Le vieux rusé vers moi s'avance,
> » Me salue avec déférence :
> » Mon bon monsieur, par charité,
> » Donnez-moi l'hospitalité. »
>
> *L'homme à la besace* (1).

Nos deux amis traversèrent un petit verger où de vieux pommiers chargés de fruits prouvaient, comme cela est assez ordinaire dans les environs des couvens, que les moines ne passaient pas toujours le temps dans l'indolence, mais qu'ils en consacraient une partie à l'agriculture et au jardinage. M. Oldbuck fit remarquer à M. Lovel que les cultivateurs de ces anciens temps possédaient le secret prétendu moderne d'empêcher les ra-

(1) Voyez dans la Notice l'histoire de ce vieux poëme, auquel l'auteur va emprunter quelques traits pour peindre un des personnages les plus saillans du roman. — Éd.

cines des arbres fruitiers de pénétrer dans le tuf, pour les forcer de s'étendre en direction latérale, en plaçant des pavés sous les arbres, lors de leur plantation, de manière à boucher le passage à leurs fibres. — Ce vieux pommier, dit-il, renversé par le vent, l'été dernier, et qui, quoique à demi-couché par terre, est encore couvert de fruits, a eu, comme vous le voyez, une semblable barrière placée entre ses racines et le tuf inhospitalier. Il y a une histoire sur cet autre ; on appelle son fruit *la pomme de l'abbé*. L'épouse d'un baron voisin en était si friande qu'elle venait souvent à Monkbarns pour avoir le plaisir d'en cueillir sur l'arbre. Le mari, en vrai jaloux, soupçonna qu'un goût si semblable à celui de notre mère Ève devait présager une pareille chute. Comme il y va de l'honneur d'une noble famille, je n'en dirai pas davantage ; j'ajouterai seulement que les domaines de Lochard et de Cringlecut paient encore une redevance annuelle de six épis d'avoine, en réparation du crime de leur audacieux propriétaire, qui, par suite de ses soupçons mondains, osa surprendre l'abbé et sa pénitente dans leurs entretiens secrets. Maintenant admirez le petit beffroi qui s'élève sur ce porche couvert de lierre : il y avait là un *hospitium*, *hospitale* ou *hospitamentum* (car ce mot se trouve écrit de ces trois manières dans les anciens titres), où les moines recevaient les pèlerins. Je sais que notre ministre a dit dans son rapport statistique, que l'*hospitium* était situé sur les terres d'Haltweary ou sur celles d'Half-Starvet; mais il se trompe, M. Lovel, car cette porte s'appelle encore *la porte du pèlerin*, et mon jardinier, en faisant une tranchée pour le céleri d'hiver, trouva plusieurs pierres taillées ; j'en ai envoyé des échantillons à mes savans amis et à diverses sociétés d'antiquaires dont j'ai l'honneur d'être membre indigne. Mais je ne vous en dirai pas davantage à présent ; je veux réserver quelque chose pour une autre visite, et nous avons devant nous un objet vraiment curieux.

Après avoir traversé une ou deux belles prairies et une grande plaine sans clôture, ou bruyère communale, ils arrivèrent sur une éminence ; là l'antiquaire s'arrêtant : — M. Lovel, dit-il, voici un endroit véritablement remarquable.

— La vue y est fort belle, répondit Lovel en regardant autour de lui.

— Sans doute, mais ce n'est pas pour la vue que je vous ai amené ici. N'apercevez-vous rien de remarquable ? rien sur la surface du terrain ?

— Pardonnez-moi ; il me semble..... oui, je crois voir quelques faibles traces d'un fossé.

— De faibles traces ! pardon, monsieur, mais c'est votre vue qui est faible. Rien ne peut être tracé plus distinctement. Un véritable *agger* ou *vallum*, avec le *fossa* qui y correspond. De faibles traces ! Ma nièce, vraie tête de linotte, aussi légère qu'on peut l'être parmi la gent femelle, a reconnu sur-le-champ les vestiges du fossé. De faibles traces ! sans doute celles du grand camp d'Ardoch, ou de celui de Burnswark dans l'Annandale peuvent être plus évidentes, parce que c'étaient des *castra stativa*, au lieu que celui-ci n'était qu'un cantonnement temporaire. De faibles traces ! Songez donc que des paysans, des butors, des idiots, semblables à des sauvages ignorans et barbares, ont détruit deux côtés du carré et considérablement endommagé le troisième en labourant la terre ; mais, vous le voyez vous-même, le quatrième subsiste encore dans son entier.

Lovel chercha à s'excuser, et à expliquer sa phrase maladroite; il fit valoir son inexpérience, mais il ne réussit pas sur-le-champ. Sa première expression avait été trop franche et trop naturelle pour ne pas alarmer l'antiquaire, et celui-ci ne put se remettre aisément du choc qu'il avait reçu.

— Mon cher monsieur, continua-t-il, vos yeux ne sont pas inexpérimentés. Je présume qu'ils peuvent distinguer un fossé d'un terrain uni. De faibles traces! Quoi! les paysans mêmes, le plus jeune enfant qui garde les vaches, appellent cet endroit le Kaim de Kinprunes (1), et si cela ne signifie pas un ancien camp, je ne sais comment il faut traduire ces mots.

Lovel, en abondant dans le sens de l'antiquaire, parvint enfin à apaiser sa vanité inquiète et soupçonneuse, et Oldbuck continua à remplir sa tâche de cicérone. — Il faut que vous sachiez, lui dit-il, que nos antiquaires écossais ne sont nullement d'accord sur le lieu où se livra la dernière bataille entre Agricola et les Calédoniens. Les uns le placent à Ardoch, dans le Strathallan, les autres à Innerpeffrey; ceux-ci à Raedykes, dans le Mearns, et ceux-là reculent la scène vers le nord jusqu'à Blair-Athole. Or, après toute cette discussion, ajouta-t-il en regardant Lovel d'un air content de lui-même, que diriez-vous, que penseriez-vous, si ce lieu mémorable était précisément l'endroit appelé le Kaim de Kinprunes, la propriété de l'humble et obscur individu qui vous parle en ce moment?

(1) *Kaim* en écossais signifie un camp. — Éd.

Ici il fit une pause pour laisser à son jeune ami le temps de méditer sur cette importante découverte, et reprit la parole en ces termes avec plus de feu que jamais : — Oui, mon cher monsieur, je suis bien trompé si ce local ne réunit pas tout ce qui caractérise le lieu où se donna cette bataille célèbre. Elle fut livrée près des monts Grampiens. Vous voyez à l'horizon leurs sommets qui se confondent avec les nues. C'était *in conspectu maris*, en vue de la flotte romaine ; et quel amiral romain ou anglais voudrait une plus belle baie que celle que vous voyez à main droite ? Il est étonnant combien nous autres antiquaires de profession nous sommes quelquefois aveugles ! Sir Robert Sibbald, Saunders Gordon, le général Roy et le docteur Stukely ne s'en sont pas même doutés. Je n'ai pas voulu en dire un mot avant de m'être assuré la propriété du terrain, car il appartenait au vieux John Howie, un laird voisin qui ne vend pas ses coquilles pour rien, et nous eûmes bien des conférences avant de pouvoir être d'accord. Enfin, je suis presque honteux de le dire, je me décidai à aller jusqu'à lui donner acre pour acre de mes meilleures terres à bled, en échange de ce terrain stérile. Mais il s'agissait d'un titre national, et je me trouvai plus que payé en me voyant propriétaire de la scène d'un événement si mémorable. Quel est l'homme, comme le dit Johnson, dont le patriotisme ne s'échaufferait pas sur la plaine de Marathon ? Je fis ouvrir des tranchées, dans l'espoir de faire quelque découverte, et le troisième jour, monsieur, nous trouvâmes une pierre que je fis transporter à Monkbarns pour la faire modeler en plâtre de Paris. On y voit un vase destiné aux sacrifices, et les lettres A. D. L. L., qu'on peut expliquer, sans leur faire trop de violence, par les mots *Agricola dicavit Libens Lubens.*

— Bien certainement, monsieur, car les Hollandais reportent à Caligula la fondation d'un phare, sans autre autorité que les lettres C. C. P. F. dont ils ont fait *Caius Caligula pharum fecit.*

— C'est la vérité, et l'explication a été jugée fort bonne. Je vois que nous ferons quelque chose de vous avant que vous portiez des lunettes, quoique au premier abord vous n'ayez vu que de faibles traces de ce beau camp.

— Avec le temps et de bonnes leçons, monsieur.......

— Vous deviendrez plus apte, je n'en doute point : vous lirez, la première fois que vous viendrez à Monkbarns, mon petit essai sur la castramétation, avec quelques remarques particulières sur les vestiges d'anciennes fortifications récemment découvertes par l'auteur au Kaim de Kinprunes. Je crois avoir une pierre de touche infaillible pour reconnaître les véritables antiquités. Je commence par établir sur ce point quelques règles générales, notamment sur la nature des preuves qu'on peut admettre en pareil cas. En attendant, ayez la bonté de faire attention, par exemple, que je pourrais me prévaloir du fameux vers de Claudien :

« *Ille Caledoniis posuit qui castra pruinis* (1). »

Car quoiqu'on entende par *pruinis* des gelées blanches, auxquelles j'avoue que nous sommes assez exposés sur cette côte située au nord-est, cependant ce mot peut

(1) Celui qui vint camper sur les glaces d'Écosse. — Tr.

aussi signifier une localité, et le *castra pruinis posita* ne serait autre chose que le Kaim de Kinprunes. Mais je ne fais pas usage de cette observation, parce que des critiques pointilleux pourraient en profiter pour faire descendre mon camp jusqu'au temps de Théodose, que Valentinien envoya dans la Grande-Bretagne, vers l'an 367 ou environ. Non, mon bon ami, j'en appelle aux yeux. Ne voyez-vous pas la porte Décumane? Et sans le ravage de l'affreuse charrue, expression que j'emprunte à un de mes doctes amis, la porte Prétorienne serait là-bas. A gauche vous pouvez voir quelques légers vestiges de la *porta sinistra*, et à droite un des côtés de la *porta dextra* est presque entier. Prenons donc position ici, sur ce *tumulus* formé des ruines d'un ancien bâtiment qui était le point central, et incontestablement le *prætorium* du camp. De cette place, qu'on ne peut guère distinguer du reste des fortifications que par sa légère élévation et par un gazon plus vert, on peut supposer qu'Agricola reconnut l'immense armée des Calédoniens, qui occupait le penchant de cette montagne en face, les rangs de l'infanterie s'élevant les uns sur les autres, car le terrain lui permettait de se déployer avec avantage; et plus loin la cavalerie et les *covinarii*, c'est-à-dire les conducteurs de chariots, qui n'avaient rien de commun avec vos jeunes gens à la mode, se mêlant de diriger dans Bond-Street leur équipage attelé de quatre chevaux.

« Voyez, Lovel, voyez sur ces coteaux
» Ces soldats animés par le dieu des batailles.
» On croirait d'un dragon voir briller les écailles,
» Quand sur leurs boucliers éblouissant les yeux
» On voit l'astre du jour répercuter ses feux.

» Leur marche est un orage ; il menace, il éclate :
» Rome va disparaître......... (1).

Oui, mon cher ami, il est probable, il est presque certain que Julius Agricola vit de cet endroit le spectacle que notre Beaumont a si admirablement décrit dans les vers que je viens de vous citer. Oui, ce fut de ce *prætorium*.....

Une voix qui se fit entendre derrière lui arrêta le cours de son enthousiasme :

— Prætorion si vous voulez, mais je me souviens de l'avoir vu bâtir ici.

Tous deux se retournèrent à l'instant, Lovel d'un air surpris, Oldbuck avec autant d'indignation que d'étonnement de se voir interrompu d'une manière si incivile. Pendant que notre antiquaire déclamait avec énergie, et que Lovel l'écoutait avec une attention polie, un auditeur, sans être vu ni entendu, était arrivé jusqu'à eux. Son extérieur était celui d'un mendiant. Un énorme chapeau qui lui couvrait les sourcils, une longue barbe blanche avec laquelle se mêlaient des cheveux gris ; des traits fortement prononcés et expressifs, rendus plus durs encore par les intempéries des saisons, qui avaient donné à son teint la couleur de la brique ; un long manteau bleu avec une plaque d'étain sur le bras droit ; deux ou trois bissacs jetés sur ses épaules, pour y placer séparément les diverses espèces de denrées qu'il recevait de ceux qui, n'étant que d'un degré plus riches que lui, lui faisaient la charité en nature : — tout annonçait en lui le mendiant de profession,

(1) Vers d'une tragédie de Beaumont, contemporain de Shakspeare. — Éd.

le mendiant de cette classe privilégiée qu'on appelle en Écosse mendians du roi ou *manteaux bleus* (1).

— Que dites-vous, Edie? demanda Oldbuck, espérant peut-être que ses oreilles l'avaient trompé.

— Je parle du petit bâtiment qui existait là, Votre Honneur; et je vous disais que je me souviens de l'avoir vu construire.

— Du diable si cela est, vieux fou! il a été construit bien long-temps avant ta naissance; et l'on en verra encore les restes après que tu auras été pendu.

— Pendu ou noyé, ici ou là, mort ou vivant, n'importe, il n'en est pas moins vrai que je l'ai vu construire.

— Toi! toi! s'écria l'antiquaire en bégayant de colère et de confusion: misérable vagabond, et comment diable l'aurais-tu vu?

— Comment je l'aurais vu, M. Monkbarns! Mais qu'est-ce que je gagnerais à vous dire un mensonge? Tout ce que je sais, c'est qu'il y a environ vingt ans, moi et quelques mendians comme moi, avec les manœuvres qui avaient creusé le fossé le long du sentier, et peut-être encore deux ou trois bergers, nous nous mîmes à l'ouvrage et nous construisîmes ce petit bâtiment dont vous appelez les fondations un prætorion, uniquement pour nous faire un abri lors de la noce du vieux Aiken Drum, et nous y vidâmes joyeusement plus d'une bouteille pendant un temps de pluie. En voulez-vous une preuve, M. Monkbarns? Faites creuser les fondations, comme il paraît que vous avez déjà com-

(1) *King's bedeman or blue gowns.* Espèce de pensionnaire qui recevait chaque année, le jour de la naissance du roi, une gratification, et une casaque ou manteau bleu avec la plaque. — Éd.

mencé; et vous y trouverez, si vous ne l'avez pas déjà trouvée, une pierre sur laquelle un des manœuvres tailla une longue cuiller pour se moquer du marié. Il y ajouta quatre lettres, A. D. L. L., c'est-à-dire, *Aiken Drum Lang Laddle,* — longue cuiller d'Aiken Drum, — parce qu'Aiken était un des grands mangeurs de soupe du comté de Fife.

— Voilà, pensa Lovel un excellent pendant à l'histoire de R. D. C. C., *Restez De Ce Côté* (1). Il se hasarda à jeter un regard sur notre antiquaire, mais il baissa les yeux sur-le-champ, par compassion. En effet, ami lecteur, si jamais vous avez vu la contenance d'une fille de seize ans dont le roman d'amour sincère s'est terminé par une découverte prématurée, ou l'air d'un enfant de dix ans dont le château de cartes vient d'être renversé par le souffle d'un malicieux compagnon de ses jeux, je puis vous garantir que Jonathan Oldbuck de Monkbarns ne paraissait ni plus sage ni moins déconcerté.

— Il y a quelque méprise dans tout ceci, dit-il en se détournant brusquement du mendiant.

— Du diable s'il y en a de mon côté! répliqua le mendiant imperturbable. Je ne fais jamais de méprises, parce qu'elles portent toujours guignon. Et maintenant, M. Monkbarns, je vous vois avec un jeune homme qui ne fait guère attention à un pauvre hère comme moi, et je gage pourtant que je vais lui dire où il était hier

(1) Le traducteur a dû nécessairement mettre un équivalent pour rendre les mots *Keep On This Side*. On se rappelle ici involontairement notre P. P. P. P., pauvre plaideur, prenez patience. — Éd.

soir à la brune, si ce n'est peut-être qu'il ne se soucie pas qu'on en parle en compagnie.

Tout le sang de Lovel se porta à son visage.

—Ne vous inquiétez pas de ce que dit ce vieux coquin, s'écria M. Oldbuck; et ne croyez pas que je vous estime moins à cause de votre profession. Dieu merci, je n'ai ni fatuité ni préjugés. Vous vous rappelez ce que dit Cicéron dans son discours *pro Archiá poetá*, en parlant d'un de vos confrères : *Quis nostrum tam animo agresti ac duro fuit, ut..... ut..... ut.....* J'ai oublié le latin; mais le sens est : Qui de nous est assez grossier, assez barbare pour ne pas donner des larmes à la mort du célèbre Roscius, dont l'âge avancé était si loin de nous préparer à le perdre, que nous nous flattions qu'un homme si parfait, si excellent dans son art, serait exempt du sort commun de tous les mortels. Voilà comme le prince des orateurs parlait du théâtre et de ceux qui suivent cette carrière.

Lovel entendit les mots que venait de prononcer notre antiquaire, mais sans que son esprit y attachât aucune idée précise. Il était entièrement occupé à chercher comment ce vieux mendiant, qui continuait à le regarder d'un air malin et expressif, avait pu se procurer quelque connaissance de ses affaires. Il mit la main à la poche, convaincu qu'il y trouverait le moyen le plus prompt pour demander au mendiant de la discrétion, et pour l'y déterminer. En lui présentant son offrande, qui était plus proportionnée à sa crainte qu'à sa charité, il le regarda d'un air que le mendiant, physionomiste par profession, parut parfaitement comprendre : — Soyez tranquille, monsieur, lui dit-il en mettant en poche le tribut qu'il venait de recevoir, je ne suis point bavard; mais il y a dans le monde d'autres yeux que les miens. Il prononça ces mots de manière à n'être entendu que de lui, et avec une expression de physionomie qui en disait encore davantage. — Se tournant alors vers Oldbuck : — Je vais au presbytère, Votre Honneur, lui dit-il; y voulez-vous envoyer quelque chose? Ou si vous avez quelque commission pour sir Arthur, je compte passer ce soir par le château de Knockwinnock.

Oldbuck parut se réveiller comme d'un songe, et il lui dit d'un ton où perçait son dépit, qu'il cherchait à déguiser : — Va à Monkbarns, on t'y donnera à dîner; si tu vas au presbytère et à Knockwinnock, tu n'as pas besoin d'y raconter ta sotte histoire. Et en même temps il jeta à son tour une offrande dans le vieux chapeau du mendiant.

— Qui? moi! dit Edie: Dieu me protège! ce n'est pas de moi qu'on saura jamais si ces pierres ne sont pas là depuis le déluge. Mais on m'a dit que Votre Honneur a donné à John Howie acre pour acre de bonnes terres en place de ce mauvais terrain. Or, s'il vous a fait passer ces fondations pour d'anciens travaux, mon opinion bien sincère est que le marché ne peut tenir, et que vous le ferez casser en justice si vous voulez dire qu'il vous a trompé.

— Fut-il jamais un misérable plus impatientant? dit l'antiquaire entre ses dents. Il faudra que sa peau fasse connaissance avec les verges de l'exécuteur des hautes-œuvres. Et tâchant de prendre un ton plus doux : — Ne vous mettez pas en peine, Edie, tout cela n'est qu'une méprise.

— C'est ce que je pensais, répliqua son persécuteur,

qui semblait prendre un malin plaisir à faire saigner ses blessures; c'est ce que j'ai toujours pensé, et il n'y a pas encore long-temps que je disais à la mère Gemmels (1) : Croyez-vous, par exemple, que Son Honneur M. Monkbarns aurait été assez fou pour donner de bonnes terres valant au moins cinquante shillings l'acre, pour un terrain en friche qui ne vaut pas une livre d'Écosse? Non, non, soyez bien sûr que le laird a été trompé par ce malin diable John Howie. — Mais, que Dieu nous protège! me répliqua-t-elle, comment cela est-il possible, vu que le laird est si savant, et qu'il n'y a pas un homme comme lui dans tout le canton, tandis qu'à peine John Howie a-t-il assez de bon sens pour appeler les vaches et les faire sortir de l'étable? — Eh bien! eh bien! lui dis-je, il aura attrapé le laird en lui contant quelque histoire de l'ancien temps! — Je n'avais pas tort, Votre Honneur, car vous vous rappelez l'histoire du bodle qu'on vous a fait passer pour une pièce d'ancienne monnaie.

— Va-t'en au diable! s'écria Oldbuck; mais prenant sur-le-champ un ton plus doux, en homme qui sentait que sa réputation était à la merci de son antagoniste : — Va à Monkbarns, te dis-je, ajouta-t-il, et quand j'y serai arrivé, je t'enverrai une bouteille d'ale dans la cuisine.

— Que Dieu récompense Votre Honneur!

Ces mots furent prononcés avec le véritable accent du mendiant, et, s'aidant de son bâton armé d'une pointe de fer, il avait déjà fait deux pas dans la direc-

---

(1) Le nom de Gemmels rappelle un mendiant fort connu en Écosse sous le nom d'André Gemmels. C'était aussi un Manteau bleu qu'on croit être l'original d'Édie Ochiltrie. Voir la Notice.
Éd.

tion de Monkbarns, quand se retournant tout à coup vers Oldbuck : — Votre Honneur s'est-il fait rendre, lui demanda-t-il, l'argent qu'il avait donné pour le bodle?

— Malédiction! s'écria l'antiquaire : va-t'en à tes affaires.

— Allons, allons! Que Dieu bénisse Votre Honneur. J'espère que vous ferez punir John Howie de vous en avoir imposé, et que je vivrai assez pour le voir. A ces mots, le vieux mendiant partit, sans harasser plus long-temps M. Oldbuck de souvenirs qui n'étaient rien moins qu'agréables.

— Quel est ce vieux mendiant si familier? demanda Lovel quand Edie fut assez éloigné pour ne plus l'entendre.

— Un des fléaux du pays. Je me suis toujours prononcé contre l'établissement proposé d'une taxe pour les pauvres et de maisons de charité, mais je crois que je changerai d'avis pour faire enfermer ce vagabond. Un coquin semblable, à qui vous avez une fois accordé le gîte, devient aussi familier avec vous qu'avec son écuelle; il s'attache à vous comme un de ces animaux qui suivent si fidèlement les gens de sa classe. Ce qu'il est! demandez-moi plutôt ce qu'il n'a pas été. On l'a vu tour à tour soldat, chanteur de ballades, chaudronnier ambulant, et le voilà mendiant. Il est gâté par notre noblesse, qui rit de ses plaisanteries, et qui cite les bons mots d'Edie Ochiltrie comme ceux de Joé Miller (1).

— Il parle, il me semble, très-librement, et la liberté est l'ame de l'esprit.

— Oh oui, il est assez libre, souvent il invente quel-

(1) Auteur pseudonyme d'un recueil de facéties populaires.—Éd.

que maudit mensonge, bien improbable, uniquement pour vous tourmenter, comme l'histoire qu'il vient de nous raconter. Cependant je ne publierai pas mon traité avant d'avoir examiné la chose bien à fond.

— En Angleterre un tel mendiant ne serait pas toléré long-temps.

— Sans doute. Vos administrateurs de paroisses et vos officiers de police ne trouveraient pas grand sel à ses bons mots; mais ici ce maudit vagabond est une sorte de fléau privilégié, un des derniers échantillons de l'ancien mendiant écossais, qui faisait sa ronde dans un district particulier, et qui était le nouvelliste, le ménestrel et quelquefois l'historien de sa paroisse. Cependant ce drôle sait un plus grand nombre de vieilles ballades et de traditions que qui que ce soit dans Fairport et les quatre paroisses voisines. Et après tout, continua-t-il en s'adoucissant à mesure qu'il faisait l'énumération des talens d'Edie, le maraud n'est pas sans gaieté. Il ne s'est pas laissé abattre par la rigueur de son destin, et il serait cruel de lui refuser la consolation de rire aux dépens de ceux qui sont plus heureux que lui. Le plaisir de m'avoir mystifié, comme vous autres gens du monde le diriez, va lui tenir lieu de boire et de manger pour un jour ou deux. Mais il faut que je retourne à Monkbarns, et que je lui parle encore, sans quoi il va débiter sa sotte histoire dans tous les environs.

A ces mots nos deux héros se séparèrent, M. Oldbuck reprenant le chemin de son *hospitium* de Monkbarns, et Lovel se dirigeant vers Fairport, où il arriva sans autre aventure.

CHAPITRE V.

« Lancelot Gobbo : — Sois attentif ! Je vais conjurer l'Océan. »
SHAKSPEARE. *Le Marchand de Venise.*

L'ouverture du théâtre de Fairport avait eu lieu, mais Lovel n'avait pas encore paru sur les planches, et ni son ton ni ses manières ne justifiaient la conjecture faite par M. Oldbuck qu'il avait dessein de prétendre aux applaudissemens du public.

Il existait à Fairport un vieux barbier chargé du soin des trois seules perruques de la paroisse, qui, en dépit de la taxe sur la poudre (1) et de la dureté des temps,

(1) La poudre à poudrer payait des droits exorbitans dans la Grande-Bretagne, et ceux qui voulaient en porter payaient de plus une taxe annuelle, en s'inscrivant sur un registre tenu *ad hoc*. Un pair de l'opposition joua au gouvernement le mauvais tour de faire poudrer non-seulement ses laquais, mais ses chevaux et ses chiens. Les *fashionables* abandonnèrent cette mode par ton, les bons bourgeois par économie. — Éd.

subissaient encore l'opération journalière d'être frisées et poudrées. Jacob Caxon partageait donc son temps entre les trois pratiques que la mode lui avait laissées, et M. Oldbuck ne manquait pas de lui demander régulièrement tous les jours des nouvelles du petit théâtre de Fairport, s'attendant chaque fois à l'entendre annoncer le prochain début de M. Lovel; notre antiquaire ayant résolu de se mettre en frais en cette occasion, pour prouver à son jeune ami l'intérêt qu'il prenait à lui, et non-seulement d'aller lui-même à la comédie, mais d'y conduire aussi sa gent femelle. Cependant le vieux barbier ne lui disait rien qui pût justifier une démarche aussi importante que celle de retenir une loge.

Jacob Caxon lui apprit au contraire qu'il était arrivé à Fairport un jeune homme dont toute la *ville* ne savait que faire. (Par ce mot il entendait les commères, qui charment leur oisiveté en s'occupant des autres.) Il ne recherchait pas la société; il semblait même l'éviter, conduite qui, inspirant la curiosité, contribuait autant que son air doux et aimable à le faire rechercher des autres. Rien n'était plus régulier, rien ne sentait moins l'aventurier que sa manière de vivre, qui était simple, et si bien réglée, que tous ceux qui avaient quelques relations avec lui en faisaient l'éloge.

Ce ne sont point là les qualités d'un héros de théâtre, pensa Oldbuck. Et quoique pour l'ordinaire il tînt opiniâtrément à ses opinions, il aurait été forcé de renoncer à celle qu'il s'était faite de M. Lovel, si le vieux Caxon n'eût ajouté qu'on entendait souvent ce jeune homme se parler à lui-même, et déclamer tout haut dans sa chambre comme s'il était sur un théâtre.

Cette circonstance était la seule qui parût confirmer la supposition de M. Oldbuck, et c'était une question difficile à résoudre que de savoir quel motif pouvait retenir à Fairport un jeune homme qui n'y avait ni amis, ni connaissances, ni occupation d'aucune espèce. Ni le vin ni les cartes ne paraissaient avoir de charmes pour lui. Il avait refusé de dîner avec les officiers du corps de volontaires qui avait été formé depuis peu, et il ne paraissait à aucune des fêtes que donnaient les deux partis qui divisaient alors Fairport comme des villes plus importantes. Il n'était pas assez aristocrate pour se joindre au club des vrais Bleus Royaux (1), et il était trop peu démocrate pour fraterniser avec une société affiliée de *soi-disant* Amis du peuple que cette ville avait aussi le bonheur de posséder. Il entrait rarement dans un café, et déjeunait solitairement dans sa chambre.

Enfin depuis que ce nom était devenu à la mode dans les romans, ce qui remontait déjà assez loin, jamais on n'avait vu un M. Lovel dont on ne pût parler positivement, et auquel on ne pût attribuer que des qualités négatives.

Parmi ces qualités négatives, il en existait pourtant une importante; personne ne trouvait à mordre sur sa conduite. S'il avait eu quelque défaut, il aurait bientôt été rendu public, car personne n'aurait eu compassion d'un être si peu sociable, et chacun se serait livré au plaisir si naturel de médire du prochain. Une seule circonstance fit naître quelque soupçon contre lui. Comme dans ses promenades solitaires il avait souvent le crayon à la

---

(1) *True Royal blues*, club de ministériels. La nation anglaise, à cette époque, était agitée de mouvemens révolutionnaires comme la nôtre; mais le spectacle de nos excès contribua autant que le charlatanisme de ses ministres à retarder l'explosion. — Éd.

main, et qu'il avait tiré du port différentes vues dans lesquelles il avait fait entrer la tour des signaux et même le batterie de quatre pièces de canon, quelques amis zélés du bien public firent secrètement circuler le bruit que cet étranger mystérieux était un espion des Français. Le shérif, en conséquence, alla rendre visite à M. Lovel; mais il paraît que celui-ci, dans cette entrevue, dissipa entièrement les soupçons du magistrat, car non-seulement le shérif ne le troubla point dans son goût pour la retraite, mais on assure même qu'il l'invita deux fois à dîner, invitation que Lovel refusa avec politesse. Au surplus le magistrat garda un profond secret sur la nature de l'explication qu'il avait eue avec M. Lovel. Non-seulement il n'en informa pas le public, mais il n'en fit pas même part au conseil privé qu'il consultait sur toutes les questions qui se présentaient dans l'exercice de ses fonctions, et qui était composé de son substitut, de son clerc, de sa femme et de ses deux filles.

Ces détails, ayant été fidèlement rapportés par le vieux barbier à M. Oldbuck, firent concevoir à celui-ci une idée encore plus élevée de son ancien compagnon de voyage. — C'est un jeune homme sage et sensé, pensa-t-il, puisqu'il dédaigne de partager les folies de ces imbéciles habitans de Fairport. Il faut que je fasse quelque chose pour lui. Il faut que je lui donne à dîner ! J'inviterai aussi sir Arthur à Monkbarns : — Il faut que j'en confère avec ma gent femelle.

Cette conférence ayant eu lieu, un exprès reçut l'ordre de se préparer à partir avec une lettre adressée à l'honorable sir Arthur Wardour, chevalier baronnet, au château de Knockwinnock, et cet exprès ne fut autre que Caxon lui-même. Voici ce que contenait cette lettre.

Mon cher sir Arthur,

« Le mardi 17 courant, *stylo novo*, je tiens un *symposium* cénobitique à Monkbarns, et je vous invite à y assister, à quatre heures précises. Si ma belle ennemie, miss Isabelle, peut nous honorer de sa présence et veut bien vous accompagner, ma gent femelle sera fière d'avoir un tel renfort dans la cause de la résistance à l'autorité et à la suprématie légitime. Dans le cas contraire, je les enverrai passer la soirée au presbytère. Je désire vous présenter un jeune homme de ma connaissance qui semble avoir plus de raison qu'il n'en appartient à ces temps de folie, qui a du respect pour ses anciens, et qui connaît passablement les classiques. Et comme un tel jeune homme doit avoir un mépris naturel pour les gens de Fairport, je désire lui faire voir une société raisonnable et respectable.

Je suis, mon cher sir Arthur, etc., etc., etc. »

— Pars avec cette lettre, Caxon, dit l'antiquaire en lui remettant cette missive. Elle est *signata atque sigillata*. Vole à Knockwinnock, et rapporte-moi une réponse. Fais autant de diligence que si le conseil de la ville assemblé attendait le prévôt, et que le prévôt attendît une perruque bien poudrée.

— Ah ! monsieur, répondit le barbier en poussant un profond soupir ; ces heureux jours sont passés depuis long-temps. Le vieux prévôt Jervie est le dernier des prévôts de Fairport qui ait porté une perruque ; encore avait-il une impertinente servante qui la lui arrangeait sur la tête avec un bout de chandelle, et qui la saupoudrait d'un peu de farine. Mais j'ai vu le temps, Monkbarns, où les membres du conseil de la ville se seraient passés de leur clerc, et même de leur coup d'eau-de-vie en se levant, plutôt que d'une perruque décente, bien frisée et bien poudrée. Faut-il s'étonner que le peuple soit mécontent et demande une réforme dans les lois, quand on voit les magistrats, les baillis, les diacres, et même le prévôt, sans plus de poils sur la nuque qu'il n'y en a sur mes têtes à perruques?

— Et leurs têtes et les vôtres, Caxon, sont aussi bien garnies intérieurement les unes que les autres. Au surplus, vous avez une manière de voir les affaires publiques infiniment juste, et j'ose dire que vous avez touché du doigt la cause du mécontentement général. Le prévôt lui-même n'aurait pas mieux parlé. Mais faites diligence, Caxon.

Et Caxon partit pour son voyage de trois milles.

> « S'il boitait d'une jambe, il avait du courage;
> » Il fit tout ce qu'il put : on ne peut davantage. »

Tandis que le barbier se rend à Knockwinnock et en revient, il ne sera pas hors de propos de faire connaître à nos lecteurs celui à qui il portait son message.

Nous avons dit qu'à une seule exception près, M. Oldbuck ne voyait guère la noblesse des environs : ce voisin excepté était sir Arthur Wardour, chevalier baronnet, issu d'une ancienne famille, et possédant une fortune considérable, mais embarrassée. Son père, sir Anthony, avait été un chaud partisan du roi Jacques, et il avait montré tout l'enthousiasme possible pour sa cause, tant qu'il ne s'était agi que de la servir en paroles. Personne ne pressait une orange (1) avec un geste plus expressif; personne ne savait proposer une santé séditieuse plus adroitement, et sans se mettre en contravention directe avec les lois; enfin personne ne buvait plus souvent et à plus longs traits au succès de son parti. Mais lorsque les Highlanders se mirent en campagne en 1745, il paraît que le zèle du digne baronnet se refroidit précisément à l'instant où il aurait été plus important qu'il s'échauffât. A la vérité il parlait beaucoup de prendre les armes pour soutenir les droits de l'Écosse et de Charles Stuart, mais sa selle ne pouvait aller qu'à un seul de ses chevaux, et ce cheval n'était pas habitué au feu. Peut-être le maître du noble quadrupède approuvait-il les scrupules de son coursier, et commençait-il à croire que ce qui ne convenait pas au cheval ne pouvait être plus convenable au cavalier.

Quoi qu'il en soit, tandis que sir Anthony Wardour parlait, buvait et hésitait, l'intrépide prévôt de Fairport (qui, comme nous l'avons vu, était le père de notre antiquaire) fit une sortie de la ville à la tête d'une troupe de bourgeois, et saisit, au nom de Georges II, le château de Knockwinnock ainsi que les quatre chevaux de carrosse et la personne du propriétaire. Sir Anthony fut ensuite envoyé à la tour de Londres, en vertu d'un mandat délivré par un des secrétaires d'état, et son fils Arthur, encore bien jeune, l'y suivit. Mais comme ils n'avaient commis aucun acte ostensible de trahison, le père et le fils furent bientôt remis en liberté, et retour-

---

(1) Les ennemis du roi Jacques étaient désignés par le nom d'Orangistes, à cause du prince d'Orange. — Éd.

nèrent à leur château de Knockwinnock pour y boire plus que jamais à la santé du Prétendant, et parler de ce qu'ils avaient souffert pour la cause royale. Sir Arthur s'y habitua tellement, que, même après la mort de son père, son chapelain non conformiste avait coutume de prier régulièrement pour la restauration du souverain légitime, pour la chute de l'usurpateur, et pour l'anéantissement de leurs ennemis cruels et sanguinaires, quoique toute idée d'opposition sérieuse à la maison d'Hanovre se fût évanouie depuis long-temps; cette liturgie séditieuse était donc conservée plutôt comme matière de forme que par intention bien marquée; si bien qu'en 1760, lors d'une élection contestée dans le comté, le digne sir Arthur, pour pouvoir voter en faveur d'un candidat auquel il s'intéressait, prêta serment de fidélité et d'obéissance au monarque qu'il traitait d'usurpateur, et pour l'expulsion duquel il priait tous les jours, renonçant par là au Prétendant, dont il demandait journellement au ciel la restauration. Enfin, pour ajouter encore à cette triste preuve de l'inconséquence humaine, sir Arthur continua de prier pour la maison de Stuart même après l'extinction de cette famille, et lorsque par le fait, et en dépit de son loyalisme théorique (1) qui la considérait toujours comme existante, il se montrait dans toutes ses actions fidèle et zélé serviteur de Georges III.

Sous tout autre rapport, sir Arthur Wardour vivait comme la plupart des gentilshommes campagnards écossais. Il s'occupait de la chasse et de la pêche, donnait et

(1) Nous avons expliqué dans *Waverley* la nécessité d'adopter le mot de loyalisme pour exprimer la fidélité au roi légitime en Angleterre. (Voyez *Waverley*, tom. 1, pag. 226.) — Éd.

recevait des dîners, suivait les courses de chevaux, assistait aux assemblées du comté, était lieutenant en second du canton, et inspecteur des routes. En avançant en âge, il devint trop paresseux ou trop pesant pour goûter les plaisirs de la chasse, et il chercha à s'en dédommager en lisant de temps en temps l'histoire d'Écosse. Peu à peu il prit du goût pour les antiquités, et quoique ses vues sur ce sujet ne fussent ni bien profondes ni bien correctes, il devint confrère de M. Oldbuck de Monkbarns, et partagea ses nobles travaux.

Il existait cependant quelques points sur lesquels nos deux antiquaires n'étaient pas toujours d'accord, ce qui quelquefois mettait la discorde entre eux. La foi de sir Arthur était ardente et sans bornes ; M. Oldbuck (malgré l'affaire du *prætorium* et du Kaim de Kinprunes) était beaucoup plus scrupuleux, et n'acceptait pas sans examen une monnaie douteuse comme frappée au bon coin. Sir Arthur se serait cru coupable du crime de lèse-majesté s'il eût révoqué en doute l'existence d'un seul des cent quatre rois d'Écosse, admis par Boëce, rendus classiques par Buchanan, auxquels Jacques VI prétendait faire remonter son droit de gouverner son royaume, et dont les portraits décorent encore les murailles de la galerie d'Holyrood (1). Oldbuck, homme réfléchi et soupçonneux, sans égard pour le droit divin héréditaire, se permettait quelquefois des plaisanteries sur cette

---

(1) Suivant cette fabuleuse chronique, Fergus Ier aurait régné 330 ans avant l'ère chrétienne. Les Écossais, un peu plus sceptiques que sir Arthur, ne commencent à compter que du règne d'Achaïus (796), qu'on prétend avoir fait un traité d'alliance avec Charlemagne. Mais l'histoire ne donne des détails un peu croyables sur les rois d'Écosse que depuis l'époque de Macbeth (1043). — Éd.

liste, et prétendait que toute la série des descendans de Fergus, dans les pages de l'histoire d'Écosse, n'avait pas un fondement mieux assuré que la marche triomphale de ceux de Banquo dans la caverne d'Hécate (1).

Un autre sujet délicat était la réputation de la reine Marie (2). Sir Arthur en était le champion déclaré, et Oldbuck s'en montrait l'antagoniste, malgré sa beauté et ses infortunes. Mais quand ils tombaient malheureusement sur des temps encore plus récens, d'autres causes de discorde naissaient à chaque page de l'histoire. Oldbuck était ferme presbytérien, un des Anciens de l'Église (3), ami des principes de la révolution anglaise, et attaché à la succession protestante, tandis que sur tous ces points sir Arthur professait des opinions diamétralement opposées. Il arrivait donc souvent que des querelles très-chaudes éclataient entre eux. Oldbuck alors ne pouvait pas toujours réprimer son humeur caustique, et le baronnet songeait quelquefois que le descendant d'un imprimeur allemand, dont les ancêtres s'étaient fait un honneur d'être admis dans la classe des vils bourgeois, s'oubliait et se permettait dans la discussion une licence inexcusable, vu le rang et l'ancienne noblesse de son antagoniste. Joignez à cela le souvenir de l'injure faite à sa famille par le père de notre antiquaire lorsqu'il avait saisi la personne et le manoir de sir Anthony et jusqu'à ses chevaux de carrosse, et vous

(1) Allusion à une scène fantasmagorique de *Macbeth*. — Éd.

(2) Cette discussion sur la reine Marie s'est renouvelée souvent en Écosse depuis l'histoire de Robertson. — Éd.

(3) Voyez dans *Waverley*, tom. 2, pag. 84, la note sur la hiérarchie de l'Église d'Écosse. L'*assemblée générale* est une espèce de concile annuel. — Éd.

jugerez si la colère ne devait pas quelquefois enflammer ses yeux et ses argumens. Enfin M. Oldbuck regardant son digne ami et son confrère comme infiniment faible d'esprit sous certains rapports, il était porté à lui laisser entrevoir cette opinion peu favorable un peu plus clairement que les règles de la politesse ne le permettaient. En pareil cas, ils se séparaient souvent fort irrités, en formant une sorte de résolution de ne plus se revoir à l'avenir;

« Mais la réflexion, fille du lendemain, »

faisait sentir à chacun d'eux que la société de l'autre était devenue, par suite d'une longue habitude, presque nécessaire à son existence, ce qui facilitait la réconciliation. Cependant il arriva une ou deux fois que l'orgueil aristocratique du chevalier comptant une longue suite d'ancêtres, prit un essor trop mortifiant pour la susceptibilité du descendant du typographe, et il aurait pu en résulter une rupture éternelle entre ces deux originaux sans les efforts et la médiation de miss Isabelle Wardour, fille du baronnet, qui, avec son frère, alors au service chez l'étranger, formait toute sa famille. Elle savait combien la société de Oldbuck était nécessaire pour amuser et distraire son père, et son intervention manquait rarement de réussir, quand les sarcasmes de l'un et le ton de supériorité de l'autre faisaient sentir le besoin d'un médiateur. Grace à sa douce influence, son père pardonnait tous les outrages faits à la reine Marie, et M. Oldbuck excusait les blasphèmes qui insultaient à la mémoire du roi Guillaume. Cependant comme elle avait coutume de prendre, tout en riant, le parti de son père, M. Oldbuck la nommait sa belle ennemie, quoique dans le fait il fît d'elle plus de cas que de toute autre personne de son sexe, dont nous avons vu qu'il n'était pas grand admirateur.

Il existait encore entre ces deux personnages un autre rapport qui exerçait sur leur amitié une influence tour à tour répulsive et attractive. Sir Arthur désirait toujours emprunter, et Oldbuck n'était pas toujours disposé à prêter. M. Oldbuck désirait que les sommes qu'il prêtait lui fussent rendues avec exactitude, au terme convenu, et sir Arthur n'était pas souvent en état de satisfaire ce désir raisonnable. Des volontés si opposées ne pouvaient se concilier sans que de petites altercations eussent lieu de temps en temps. Cependant il régnait entre eux en dernier résultat un esprit de condescendance mutuelle, et ils étaient comme deux dogues attelés à la même charrette, qui grondent quelquefois l'un contre l'autre, mais qui n'en viennent jamais à se prendre à la gorge.

Une de ces petites querelles occasionées par une discussion d'affaires d'intérêt ou de politique avait divisé les familles de Knockwinnock et de Monkbarns, quand l'ambassadeur de notre antiquaire arriva au château de sir Arthur. Le baronnet était assis dans un grand salon gothique dont les fenêtres donnaient d'un côté sur l'Océan, et de l'autre sur une longue avenue qui conduisait à la grande route; tantôt tournant une page d'un in-folio ouvert devant lui sur la table, tantôt jetant un regard d'ennui sur les tilleuls qui bordaient l'avenue, et dont les rayons du soleil pouvaient à peine pénétrer l'épais feuillage. Enfin, spectacle délicieux! il voit une créature humaine s'avancer dans l'avenue solitaire. — Qui est cet homme? que peut-il me vouloir? La première de ces questions n'eut pas besoin de réponse, car à sa vieille redingote grise, à son chapeau pommadé et couvert de poudre, et surtout à sa démarche, il eut bientôt reconnu le barbier boiteux ; mais il répétait la seconde quand un domestique entra dans le salon.

— Une lettre de Monkbarns pour sir Arthur.

Le baronnet reçut la missive avec un air d'importance et de dignité.

— Faites entrer ce vieillard dans la cuisine, et donnez-lui de quoi se rafraîchir, dit Isabelle, dont l'œil compatissant avait remarqué ses cheveux gris et son air fatigué.

— M. Oldbuck, ma chère, dit sir Arthur, nous invite à dîner pour le mardi 17 ; et après une pause, il ajouta : Il paraît réellement qu'il a oublié qu'il ne s'est pas conduit envers moi avec les égards que j'avais droit d'attendre.

— Vous avez tant d'avantages sur le pauvre M. Oldbuck, mon père, qu'il n'est pas étonnant qu'il en ait quelquefois un peu d'humeur ; mais je sais qu'il a beaucoup de respect pour vous, qu'il aime votre conversation, et qu'il serait véritablement fâché de manquer aux attentions qui vous sont dues.

— C'est vrai, c'est vrai, Isabelle, et il faut lui passer quelque chose attendu son origine : il y a encore dans son sang quelque rudesse germanique ; il a sucé avec le lait les principes pervers des Whigs et de l'opposition contre le rang et la naissance. Vous pouvez observer qu'il n'a jamais l'avantage sur moi dans une discussion, si ce n'est quand il se prévaut d'une connaissance minutieuse de dates, de noms et de faits, pures bagatelles dont il n'est redevable qu'à une exactitude frivole de mémoire, qualité qui n'indique que d'autant mieux l'état qu'exerçaient ses ancêtres.

—Je croirais cette faculté utile pour les recherches historiques, mon père.

—Elle conduit à un ton de discussion tranchant et incivil. Quoi de plus déraisonnable que de l'entendre attaquer la traduction d'Hector Boëce par Belleden, ouvrage très-rare, dont j'ai la satisfaction de posséder un exemplaire in-folio, imprimé en lettres gothiques, et cela sur la foi de je ne sais quel vieux chiffon de parchemin qu'il a sauvé des ciseaux d'un tailleur qui allait le couper pour en faire une mesure. D'ailleurs cette habitude d'exactitude minutieuse et fatigante sent le calcul mercantile, et est au-dessous d'un propriétaire dont la famille compte deux ou trois générations. Je parierais qu'il n'existe pas dans tout Fairport un commis marchand qui sache faire un compte d'intérêts mieux qu'Oldbuck.

—Cependant vous accepterez son invitation, mon père?

—Mais... oui. Je ne crois pas que nous ayons d'autre engagement. Quel est donc le jeune homme dont il parle? il ne fait guère de nouvelles connaissances, et je ne lui connais aucun parent.

— C'est peut-être quelqu'un de la famille du capitaine Mac Intyre.

— Cela est possible. Eh bien! nous accepterons. Les Mac Intyre sont d'une très-ancienne famille des Highlands. Répondez-lui que nous irons, Isabelle; quant à moi, je n'ai pas le loisir de donner aujourd'hui du *cher monsieur* à quelqu'un (1).

(1) La formule ordinaire en Angleterre pour commencer une lettre, est: Cher Monsieur, *Dear sir.* — ÉD.

Cette importante affaire étant ainsi réglée, le billet ci-après fut écrit sur-le-champ :

« Miss Wardour présente à M. Oldbuck ses complimens et ceux de sir Arthur : ils ont l'honneur d'accepter son invitation. Miss Wardour saisit cette occasion pour renouveler ses hostilités contre M. Oldbuck, à cause du temps beaucoup trop long qu'il a laissé écouler depuis sa dernière visite à Knockwinnock, où on le voit toujours avec tant de plaisir. »

Ayant terminé sa missive par cette phrase conciliatrice, elle la donna au vieux Caxon, qui, s'étant bien reposé, bien rafraîchi, se mit en route pour retourner chez notre antiquaire.

CHAPITRE VI.

> « Oui, par Wodden, des Saxons respecté,
> » D'où l'un des jours de la semaine
> » Tire son nom d'origine païenne (1),
> » Rien n'est beau que la vérité,
> » Et j'y tiendrai, malgré l'envie,
> » Jusqu'au dernier jour de ma vie. »
>
> *La table d'hôte de Cartwright.*

Notre jeune ami Lovel, qui avait aussi reçu un billet d'invitation, arriva ponctuellement à Monkbarns le 17 juillet, environ cinq minutes avant quatre heures. Il avait fait une chaleur étouffante, et il était tombé quelques grosses gouttes de pluie, quoique l'orage dont on était menacé eût éclaté plus loin.

M. Oldbuck le reçut à la porte du Pèlerin, en habit complet de drap brun, en bas de soie gris et en perruque poudrée où brillait tout le savoir-faire du vétéran

---

(1) *Wensday* ou *wednes day*, mercredi, venant de *Woden' s-day*, jour de Woden. — Éd.

Caxon, qui, ayant flairé le dîner, avait eu soin de ne finir son opération qu'un instant auparavant, afin d'être invité à faire une station à la cuisine.

—Vous êtes le bienvenu à mon *symposium*, M. Lovel; et maintenant il faut bien que je vous présente à mes fainéantes de la gent femelle, *malæ bestiæ*, M. Lovel.

—Je serais bien trompé, monsieur, si je trouvais qu'elles méritent de pareils sarcasmes.

—*Tilley-Valley!* M. Lovel, —mot que, par parenthèse, un commentateur fait dériver de *Titifivillitium*, et un autre de *Talley ho*, — mais Tilley-Valley (1), dis-je, et trêve de votre politesse. Vous ne trouverez en elles que de vrais échantillons de la gent femelle; mais les voici. M. Lovel, je vous présente, suivant l'ordre convenable, ma très-discrète sœur Griselda, qui dédaigne la simplicité et la patience dont l'idée se rattache au pauvre vieux nom de Grizzy, et ma très-exquise nièce Maria, dont la mère se nommait Marie et quelquefois Molly (2).

La sœur de notre antiquaire, en robe de soie, portait sur la tête un édifice dont on peut trouver le modèle dans le *Souvenir des Dames pour l'année* 1770; un superbe monument d'architecture, une espèce de château gothique moderne, dont les crochets pouvaient représenter les tours, les épingles noires les chevaux de frise, et les barbes les bannières. Sa figure, aussi couronnée de tours, comme celle des anciennes statues de Vesta, et

(1) *Tilley-valley* est une exclamation anglaise pour interrompre celui qui parle, et répond à notre phrase de: Sornettes que tout cela. Il paraît que c'est une corruption de nos mots de chasse *taïaut* et *vallecy*, qu'on trouve dans le Traité de vénerie de Jacques Fouilloux, in-fol, 1585. — Éd.

(2) Synonyme familier de Marie. — Éd.

aussi large que longue, offrait deux éminences remarquables en forme de nez et de menton, et avait, sous les autres rapports, une ressemblance si grotesque avec la physionomie de M. Jonathan Oldbuck, que s'ils n'avaient point paru ensemble, comme Sébastien et Viola dans la dernière scène de *la Soirée des Rois* (1), Lovel aurait pu croire que la figure qui se présentait à ses yeux était son vieil ami déguisé en femme. Une robe de soie antique à grands ramages couvrait cette personne extraordinaire, à laquelle le frère disait souvent que le turban d'un Musulman siérait mieux que la coiffure d'une chrétienne, et d'une créature raisonnable. Deux longs bras décharnés, terminés aux coudes par des manchettes de blonde à triple rang, croisés sur son estomac et décorés de longs gants, d'un vermillon vif, ressemblaient assez à deux homards monstrueux. Des souliers à talon haut et un mantelet de soie, jeté sur ses épaules avec une aimable négligence, complétaient la parure de miss Griselda Oldbuck.

Sa nièce, que Lovel avait aperçue un instant lors de sa première visite, jeune et jolie personne, mise avec élégance suivant la mode du jour, avait un air d'espièglerie qui lui allait fort bien, et qui prenait peut-être sa source dans cette humeur caustique particulière à la famille de son oncle, mais dont les traits étaient adoucis en elle.

M. Lovel salua respectueusement les deux dames, qui lui répondirent, la tante par la révérence prolongée de 1760, époque édifiante pendant laquelle — le *Benedicite*

(1) Nous avons déjà vu une allusion à cette pièce de Shakspeare au sujet de Fergus et de Flora, dans *Waverley*, tom. 1er, p. 225.
Éd.

durait pendant une heure, et le repas n'était qu'un plat de vendredi (1), — et la nièce par une révérence moderne, dont la durée, comme celle du *benedicite* d'un ministre de nos jours, était beaucoup plus courte.

Pendant cet échange de politesses, sir Arthur ayant renvoyé sa voiture, et donnant le bras à sa charmante fille, offrit ses hommages aux dames avec tout le cérémonial d'usage.

— Sir Arthur, dit notre antiquaire, et vous, ma belle ennemie, permettez-moi de vous présenter mon jeune ami M. Lovel, jeune homme qui, pendant la fièvre écarlate (2) qui est en ce moment épidémique dans cette île, a le courage de se montrer en habit d'une couleur décente : mais si la couleur à la mode ne paraît pas sur ses vêtemens, vous la voyez du moins, et avec une nuance très-foncée, sur ses joues. Je vous présente en lui, sir Arthur, un jeune homme que votre science vous fera reconnaître comme grave, sage, poli, instruit, ayant beaucoup lu, beaucoup observé, et profondément versé dans tous les mystères du théâtre et du foyer depuis le temps de David Lindsay (3) jusqu'à celui de Dibdin (4). Et tenez, le voilà qui rougit encore; ce qui est un signe de grace.

(1) Allusion à l'époque où un décret de Charles II défendit aux traiteurs de préparer à dîner le vendredi comme avant la réformation. — Éd.

(2) Le laird appelle fièvre écarlate ou scarlatine la manie des costumes militaires, qui avait saisi les Anglais de cette époque, où la politique de Pitt dénonçait sans cesse les projets d'invasion de la France. — Éd.

(3) Auteur de la pièce la plus ancienne d'Écosse. C'est le fameux Lyon roi d'armes de Marmion. — Éd.

(4) Auteur dramatique et chansonnier moderne. — Éd.

— Mon frère, dit miss Griselda en s'adressant à Lovel, a toujours une manière bizarre de s'exprimer, monsieur ; mais personne ne fait attention à ce qu'il dit ; il ne faut pas que ses extravagances vous occasionent le moindre embarras. Mais la promenade que vous avez faite sous un soleil si brûlant a dû vous échauffer ; voudriez-vous prendre quelque chose ? un verre de vin balsamique ?

— Fi donc! sorcière, s'écria Oldbuck avant que Lovel eût pu répondre ; veux-tu empoisonner mes hôtes avec tes infernales décoctions ? As-tu oublié comment s'en trouva le ministre quand tu le déterminas à goûter ce perfide breuvage ?

— Pouvez-vous bien parler ainsi, mon frère ? Sir Arthur, avez-vous jamais entendu rien de semblable ? Il faut que tout aille à sa fantaisie, ou il vous invente des histoires..... Mais j'aperçois Jenny qui va sonner la cloche pour nous avertir que le dîner est servi.

Rigide dans ses principes d'économie, M. Oldbuck n'avait pas de domestiques mâles, mais il en donnait pour prétexte que le sexe masculin était trop noble pour être employé à ces actes de servitude personnelle qui, dans les temps primitifs, étaient partout le partage des femmes. — Pourquoi, disait-il, le petit Tam Rintherout, qu'à l'instigation de ma prudente sœur j'avais avec la même prudence pris à l'épreuve, mangeait-il mes pommes, dénichait-il les oiseaux, cassait-il les verres, et finit-il enfin par me dérober mes lunettes ? c'est parce qu'il sentait cette noble émulation qui remplit le cœur de l'homme, qui le fit aller en Flandre un mousquet sur l'épaule, et qui le conduira à la gloire ou à la potence. Et pourquoi cette fille, Jenny Rintherout sa sœur, s'acquitte-t-elle des mêmes fonctions sans rien briser, sans bruit, soit qu'elle ait des souliers, soit qu'elle marche nu-pieds, prudente comme un chat, docile comme un épagneul? C'est parce qu'elle est à la place qui lui convient. C'est aux femmes à nous servir; elles ne sont bonnes qu'à cela. Tous les anciens législateurs, depuis Lycurgue jusqu'à Mohammed, mal à propos nommé Mahomet, s'accordent à les placer dans le rang subordonné qui leur convient; et ce ne sont que les cerveaux exaltés de nos ancêtres, avec leurs idées chevaleresques, qui ont fait de leurs dulcinées des princesses, de véritables despotes.

Miss Wardour protestait hautement contre cette doctrine peu galante quand le son de la cloche annonça le dîner.

—Permettez que je m'acquitte des devoirs de la politesse envers une si belle antagoniste, dit M. Oldbuck en lui présentant le bras. Je me souviens, miss Wardour, que Mohammed, vulgairement Mahomet, hésitait sur le mode qu'il emploierait pour appeler les musulmans à la prière. Il rejeta les cloches parce que les chrétiens s'en servaient, les trompettes parce qu'elles avaient été adoptées par les Guèbres, et enfin il adopta la voix humaine. J'ai eu aussi mes doutes sur la manière dont je ferais annoncer mon dîner. Les gongs (1), dont on se sert aujourd'hui, me parurent une mode trop nouvelle,

(1) Le *gong* ou *loo* est un instrument chinois : c'est une pièce de métal composée de cuivre et d'étain, qu'on laisse refroidir à l'air après la fonte, pour la rendre élastique et dure. On frappe dessus avec une *baguette* revêtue de peau: le son est d'abord faible; mais communiqué par la vibration à toute la masse métallique, il se prolonge en un bruit effrayant. — ÉD.

une invention païenne; la voix femelle était aigre, criarde et discordante; j'en reviens à la cloche, n'en déplaise à Mohammed. Elle a ici une propriété locale, car elle servait de signal pour servir le dîner dans le réfectoire : elle a d'ailleurs un grand avantage sur la langue du premier ministre de ma sœur, de Jenny, quoiqu'elle fasse un peu moins de bruit, car elle devient muette dès l'instant que vous cessez de tirer le cordon; au lieu qu'une triste expérience nous a appris que toute tentative pour imposer silence à Jenny ne fait que produire un carillon auquel se joignent en chorus miss Griselda Oldbuck et miss Maria Mac Intyre.

Comme il finissait de parler, ils entrèrent dans la salle à manger, que Lovel n'avait pas encore vue, et qui était ornée de tableaux curieux. Jenny servit à table, aidée par une vieille femme, espèce d'intendant en jupon qui semblait n'être près du buffet que pour endurer les reproches que M. Oldbuck lui adressait de temps en temps, et les remarques moins directes mais encore plus piquantes de sa sœur.

Le dîner convenait à la table d'un antiquaire de profession, et l'on y voyait figurer d'anciens mets écossais que tous ceux qui se piquent d'élégance ont bannis de leurs festins. Il s'y trouvait la délicieuse oie de Solan (1),

---

(1) Le *soland-geese* est le fou de Bassan, *palicanus bassanus* de Buffon, et mériterait une longue note, car il se vend chaque année plus de deux mille de ces oiseaux en Écosse, où ils sont la ressource de la classe pauvre depuis que leur chair est moins estimée par la classe riche. Ces grands palmipèdes, de la taille d'une oie, habitent quatre îles, et surtout le rocher de Bass, dans la partie orientale du Frith de Forth, sur la côte de l'East-Lothian. Leur plumage est entièrement blanc, excepté le noir du bout des ailes,

dont le fumet est si fort, qu'on la fait toujours cuire en plein air. Mais ce morceau délicat n'était pas à moitié cuit, et Oldbuck pensa jeter l'oiseau de mer et le plat à la tête de la négligente prêtresse qui venait de présenter cette offrande odoriférante. Par bonheur elle avait été plus heureuse pour le *Hotch-potch* (1), qui fut déclaré inimitable à l'unanimité.

—Je savais qu'ici nous réussirions, dit Oldbuck d'un air de triomphe. Davie Dibble, mon jardinier, vieux garçon comme moi, a toujours soin que ces misérables femelles ne déshonorent pas nos légumes, et voici un ragoût de merluche à la farine d'avoine. J'avoue que ce plat est le triomphe de ma gent femelle. Il leur procure deux fois par semaine, pendant une demi-heure au moins, le plaisir de se quereller avec la vieille Maggie Mucklebackit, notre marchande de poisson. Ce pâté de poulets, M. Lovel, a été fait d'après une recette qui m'a été transmise par feu ma grand'mère d'heureuse mémoire. Et si vous voulez prendre un verre de vin, vous ne le trouverez pas indigne d'un homme qui a adopté la maxime du roi Alphonse de Castille : Brûlez de vieux bois, lisez de vieux livres, buvez de vieux vin, et ayez de vieux amis, sir Arthur,—et de jeunes aussi, M. Lovel.

Lorsqu'on eut fini de dîner, et qu'on eut placé sur la table les carafes pleines de vin, M. Oldbuck proposa de boire rasade à la santé du roi, ce qui fut accepté sur-le-champ par M. Lovel et par le baronnet, dont le jaco-

et une nuance jaune sur la tête et le cou. Les auberges d'Écosse sont fréquemment garnies de cet oiseau, pendu aux solives de la cuisine, fumé et séché. — Éd.

(1) Espèce de soupe écossaise que l'on sert avec la viande au milieu du bouillon. — Éd.

bitisme n'était plus qu'une espèce de théorie, l'ombre d'une ombre.

— Et quelles nouvelles nous rapportez-vous d'Édimbourg, Monkbarns? dit sir Arthur; comment va le monde dans *Auld Reekie* (1).

— On y est fou, sir Arthur, mais fou d'une folie incurable, qui résisterait aux bains de mer et à la tisane d'ellébore. La pire de toutes les frénésies, une frénésie militaire, s'y est emparée des hommes, des femmes et des enfans.

— Et il en est bien temps, je crois, dit miss Wardour, quand nous sommes menacés au dehors d'une invasion, et d'une insurrection au dedans.

— Oh! j'étais bien sûr que vous prendriez parti contre moi pour la horde écarlate. Les femmes sont comme les dindons; il ne faut qu'un haillon rouge pour leur tourner la tête. Mais que dit sir Arthur, dont la tête est pleine d'armées sur pied, qui ne rêve qu'oppression germanique (2)?

— Je dis, M. Oldbuck, qu'autant que je suis en état d'en juger, nous devrions résister *cum toto corpore regni*, comme le dit un auteur ancien, si je n'ai pas tout-à-fait oublié mon latin, à un ennemi qui vient pour nous imposer un gouvernement de Whigs, et qui trouve des fauteurs et adhérens dans les plus détestables fanatiques sortis de nos propres entrailles. Mais je vous assure que j'ai pris quelques mesures convenables au rang que j'oc-

(1) Nom donné à Édimbourg, et signifiant probablement la *Vieille enfumée*, à cause de la couleur un peu noire de la ville vieille. — Éd.

(2) Oppression de la part du gouvernement actuel, c'est-à-dire de la maison régnante issue d'Allemagne. — Éd.

cupe dans la société; car j'ai déjà donné ordre aux constables d'arrêter ce vieux coquin de mendiant Edie Ochiltrie, qui répand dans toute la paroisse le mécontentement contre l'Église et l'état. Il a osé dire en propres termes au vieux Caxon qu'il se trouvait plus de bon sens sous le capuchon de Willie Howie Kilmarnock que sous les trois perruques de la paroisse. Je crois qu'il est aisé de voir où tend un pareil propos. Mais le drôle apprendra à se mieux conduire.

— Ah! s'écria miss Wardour, grace pour le vieux Edie, que nous connaissons depuis si long-temps. Je vous préviens que tout constable qui mettra à exécution un mandat d'arrêt contre lui sera privé de mes bonnes graces.

— Fort bien! dit l'antiquaire: vous qui êtes un Tory si prononcé, vous avez laissé pousser sous vos yeux un joli rejeton des Whigs. Savez-vous que miss Wardour est en état d'en imposer seule à une session de trimestre (1); que dis-je à une session de trimestre? à une assemblée générale (2); c'est une Boadicée, une amazone, une Zénobie.

— Quoi que vous pensiez de mon courage, M. Oldbuck, j'apprends avec plaisir que nos concitoyens prennent les armes.

(1) Du clergé. Voyez *Waverley*, tom. 2, pag. 84. — ÉD.

(2) Il y a quelque différence entre les attributions des juges-de-paix d'Écosse et celles des juges-de-paix d'Angleterre; mais il n'est ici question que des *quarter-sessions*, qui sont les assemblées extraordinaires de tous les juges-de-paix d'un comté, tenues quatre fois par an. Les sessions ordinaires se tiennent irrégulièrement, suivant le besoin des localités. Ce tribunal ne connaît en général que des délits secondaires, etc. — ÉD.

— Prennent les armes! que le ciel vous protège, miss Wardour! Avez-vous jamais lu l'histoire de la sœur Marguerite? elle est sortie d'une tête qui, quoique couverte de cheveux gris, avait plus de bon sens et de raison en politique que vous n'en trouveriez maintenant dans tout un synode. Vous souvenez-vous du rêve que la nourrice raconte en tremblant à Hubble-Bubble dans cet excellent ouvrage? Dans ce songe, quand elle voulait prendre un morceau de drap, pan! il en partait comme un grand coup de canon. Si elle avançait la main pour prendre son fuseau, elle ne trouvait plus qu'un pistolet braqué contre elle. J'ai eu à peu près la même vision à Édimbourg. Allant consulter mon procureur, je le trouvai en uniforme de dragon, portant le casque et le baudrier, et prêt à monter son cheval de bataille, que son clerc, vêtu en chasseur, tenait par la bride à la porte. Je me rendis chez mon agent pour lui reprocher de m'avoir adressé à un fou de cette espèce : il portait un plumet sur la tête, au lieu d'avoir une plume entre les doigts, comme dans le temps où il était plus sage, et il allait jouer le rôle d'officier d'artillerie. Mon mercier tenait à la main un esponton, comme s'il eût voulu se servir de cette arme au lieu de son aune. Le commis de mon banquier, chargé de faire la balance de mon compte, fut obligé de le recommencer trois fois, parce qu'il venait de faire l'exercice, et qu'il en avait encore la tête pleine. Je me trouvai indisposé; j'envoyai chercher un chirurgien.

« Il vint : Mars dans ses yeux avait mis son courage,
» Il semblait respirer la guerre et le carnage;
» Un sabre menaçant lui battait le talon;
» Deux pistolets chargés armaient son ceinturon.

» Je vis avec effroi cet appareil sinistre,
» Comme si de la mort arrivait un ministre. »

Je le renvoyai, et j'eus recours à un médecin ; mais celui-ci commençait aussi à pratiquer un mode de tuer beaucoup plus expéditif que celui que sa profession lui offrait. Enfin je revins ici, et je vois que nos sages voisins de Fairport ont pris aussi la même humeur belliqueuse. Je déteste un fusil comme un canard sauvage blessé ; je hais le tambour autant qu'un quaker ; et quand ils font chaque jour leur maudit exercice hors de la ville, l'artillerie par ci, le roulement du tambour par là, viennent me frapper jusqu'au fond du cœur.

— Mon frère, ne parlez pas ainsi de messieurs les volontaires. Je proteste qu'ils ont l'uniforme le plus galant qu'il soit possible. Ils ont été deux fois trempés jusqu'aux os la semaine dernière : je les ai vus rentrer dans la ville terriblement mouillés, et plus d'un y a sûrement gagné un bon rhume. On doit leur savoir gré des peines qu'ils se donnent.

— Et je sais, ajouta miss Mac Intyre, que mon oncle a envoyé vingt guinées pour contribuer à leur équipement.

— C'était pour encourager le commerce de la ville, dit M. Oldbuck, et acheter de la réglisse et du sucre candi pour rafraîchir le gosier des officiers qui s'étaient enroués en hurlant pour le service de leur pays.

— Prenez-y garde, Monkbarns, vous finirez par vous faire ranger parmi les mécontens.

— Non, sir Arthur, je ne fais que gronder tout bas. Je ne réclame que le droit de coasser dans mon coin, sans unir ma voix au grand chorus des grenouilles du marais. *Ni quito rey*, *ni pongo rey* (1), je ne fais ni ne défais de roi, comme dit Sancho ; mais je prie de bon cœur pour notre souverain, et je paie les taxes et les contributions tout en murmurant contre celui qui est chargé de les recevoir. Mais voici le fromage de lait de brebis qui arrive fort à propos ; il est plus favorable à la digestion que la politique.

Lorsque les dames se furent retirées, Oldbuck et sir Arthur commencèrent une discussion savante à laquelle M. Lovel ne prit aucune part, soit que leur entretien roulât sur des objets trop abstraits pour lui, soit que son attention fût occupée différemment ; et il ne fut retiré de la rêverie à laquelle il se livrait que par un appel inattendu à son jugement.

— Je m'en rapporte à M. Lovel, dit Oldbuck ; il est né dans le nord de l'Angleterre, et il peut connaître l'endroit dont il s'agit.

Sir Arthur pensa qu'il n'était pas probable qu'un si jeune homme eût donné quelque attention à de pareilles matières.

— Je suis certain du contraire, dit Oldbuck. Qu'en dites-vous, M. Lovel ? Allons, jeune homme, parlez pour votre honneur.

Lovel fut forcé d'avouer qu'il se trouvait dans la situation ridicule d'un homme qui n'avait rien entendu de la conversation depuis une heure.

— Et à quoi diable sa tête était-elle donc occupée ? Au surplus je n'en suis pas surpris. Voilà ce que c'est que la compagnie de la gent femelle ; six heures après qu'on en est débarrassé, on ne peut tirer d'un jeune

(1) Ces mots espagnols sont traduits immédiatement dans le texte. — Tr.

homme une parole de bon sens. Eh bien, M. Lovel, vous saurez donc qu'il exista autrefois un peuple nommé les Picks.....

— Plus convenablement nommé les Pictes, interrompit le baronnet.

— Je dis les Picks, répéta Oldbuck, Pikar, Pihar, Piochtar, Piaghter ou Peughtar; ils parlaient un dialecte gothique.

— Le vrai celtique, dit sir Arthur.

— Gothique, gothique! j'en réponds sur ma vie, reprit Oldbuck.

— Messieurs, dit Lovel, c'est une question sur laquelle les philologues peuvent aisément prononcer, s'il reste quelque chose de leur langue.

— Il n'en reste qu'un seul mot, dit le baronnet; mais en dépit de l'opiniâtreté de M. Oldbuck, ce mot décide la question.

— En ma faveur, reprit Oldbuck. M. Lovel, vous allez en juger; j'ai de mon côté le savant Pinkerton.

— Et j'ai du mien l'infatigable et érudit Chalmers.

— Gordon est de mon opinion.

— Sir Robert Sibbald est de la mienne.

— J'ai pour moi Innes.

— Ritson ne laisse aucun doute.

— Messieurs, dit Lovel, avant de passer vos forces en revue, et de m'accabler sous le poids de tant d'autorités, ne pourriez-vous me dire quel est le mot dont il s'agit?

— *Benval*, dirent en même temps les deux antagonistes.

— Ce qui signifie *caput valli*, dit Oldbuck.

— Le haut de la palissade, dit sir Arthur.

Il y eut un moment de silence. — C'est un terrain bien étroit pour y établir une hypothèse, dit l'arbitre.

— Nullement, nullement, s'écria Oldbuck : on ne se bat que mieux sur un espace resserré : on n'a pas besoin d'un mille d'étendue pour terrasser son adversaire, un pouce suffit.

— Ce mot est décidément celtique. Le nom de toutes les montagnes d'Écosse commence par *ben* (1).

— Mais que dites-vous de *val*, sir Arthur? n'est-ce pas bien clairement le mot saxon *wall?*

— C'est le mot latin *vallum*. Les Pictes ont emprunté cette portion du mot.

— Point du tout : s'ils ont emprunté quelque chose, c'est votre *ben* qu'ils ont pu prendre de leurs voisins les Bretons de Strath-Cluyd.

— Il faut, dit Lovel, que les Picks ou Pictes aient eu un dialecte bien pauvre, puisque sur deux syllabes formant le seul mot qui nous reste de tout leur vocabulaire ils ont été obligés, ainsi que vous en convenez tous deux, d'en emprunter une à une autre langue. Avec toute la déférence que je vous dois, messieurs, il me semble que votre querelle ressemble à celle qu'eurent autrefois deux chevaliers relativement à un bouclier qui était noir d'un côté et blanc de l'autre. Chacun de vous réclame une syllabe de ce mot, et semble renoncer à l'autre. Mais ce qui me frappe le plus, c'est la pauvreté d'une langue qui a laissé si peu de vestiges.

— Vous êtes dans l'erreur, dit sir Arthur, c'était une langue très-riche, un peuple grand et puissant. Il construisit deux églises, l'une à Brechin, l'autre à Aberne-

---

(1) Ben-Lomond, Ben-Nevis, Ben-Lawers, etc. — Éd.

thy (1). Les filles pictes du sang royal habitaient le château d'Édimbourg, qu'on nomma pour cette raison *castrum puellarum* (2).

— Conte de vieille femme, dit Oldbuck, inventé pour donner de l'importance à la race trompeuse des femelles. On l'appela le château des filles, *quasi lucus à non lucendo* (3), parce qu'il résistait à toutes les attaques, ce que les femmes ne font jamais.

— Il existe une liste des rois pictes, une liste bien authentique, depuis Crenthemynachcryme, dont le règne remonte à une époque un peu incertaine, jusqu'à Drusterstone, en qui s'éteignit leur dynastie. La plupart d'entre eux portent le prénom patronimique et celtique *Mac*, c'est-à-dire *filius*. Qu'avez-vous à répondre à cela, M. Oldbuck? Il y a Drust-Macmorachin, Trynel-Maclachlin, le premier de cet ancien clan, comme on peut bien le juger, Gormach-Macdonald, Alpin-Macmetegus, Drust-Macktallargam. Ici le baronnet fut interrompu par une quinte de toux. Hum! hum! hum! Golarge Mac..... hum! hum! Macchan...... hum! hum! Macchanan..... hum! Macchananail, Kenneth, hum! hum! Mac-Feredith, hum! hum! Eachanmacfungus, et vingt autres dont je vous citerais tous les noms véritablement celtiques, hum! hum! si cette maudite toux voulait me le permettre.

— Prenez un verre de vin, sir Arthur, pour faire passer cette liste des rois païens, que le diable ne pour-

(1) Villes du comté d'Angus. — Éd.

(2) Camp des filles. Nous avons en France le *Mons puellarum,* le Mont des filles (*Montpellier*). — Éd.

(3) Comme un bois était appelé *lucus* parce qu'il manque de lumière (*lux, lucis*). — Éd.

rait avaler sans s'étrangler. Il n'y a que le dernier de ces drôles qui porte un nom qu'on puisse comprendre; ils sont tous de la tribu Mac-Fungus, monarques champignons depuis le premier jusqu'au dernier, nés sur le fumier du mensonge et de la folie dans le cerveau exalté de quelque sennachie (1) des Highlands.

— Je suis surpris de vous entendre parler ainsi, M. Oldbuck, vous qui savez ou qui devez savoir que la liste de ces potentats fut copiée par Henry Maule de Melgum sur les chroniques de Lochleven et de Saint-André, et insérée dans son abrégé très-satisfaisant de l'histoire des Pictes, imprimé par Robert Freebairn d'Édimbourg, et vendu dans sa boutique près de Parliament-Close en l'an de grace 1705 ou 1706, car je ne sais trop lequel des deux, mais j'en ai un exemplaire qui figure à merveille à côté des Actes écossais, format in-12, et qui va fort bien sur la même tablette. Que dites-vous à cela, M. Oldbuck?

— Que je me moque d'Henry Maule et de son histoire, et que par là j'accède à la prière qu'il fait à ses lecteurs d'accueillir son ouvrage comme il le mérite.

— Ne vous moquez pas d'un homme qui valait mieux que vous, dit sir Arthur d'un ton un peu méprisant.

— Je crois qu'il m'est très-permis, sir Arthur, de me moquer de lui et de son histoire.

— Henry Maule de Melgum était gentilhomme, M. Oldbuck.

— Quel avantage cette qualité lui donne-t-elle sur moi? demanda l'antiquaire un peu sèchement.

— Permettez-moi de vous faire observer, M. Oldbuck,

(1) Poète et chroniqueur. — Éd.

qu'il était gentilhomme de haute naissance, d'une famille ancienne, et que par conséquent (1).....

— Et que par conséquent le descendant d'un imprimeur de Westphalie ne doit parler de lui qu'avec respect? Si telle est votre opinion, sir Arthur, ce n'est pas la mienne. Je crois que l'origine que je tire de cet industrieux et infatigable typographe Wolfbrand Oldenbuck, qui, en décembre 1493, sous les auspices, comme il nous le dit lui-même, de Sébald Scheyter et de Sébastien Kammermaister, termina l'impression de la grande chronique de Nuremberg; je crois, dis-je, que l'origine que je tire de ce grand restaurateur des sciences est plus honorable pour moi, comme homme de lettres, que si je comptais dans ma généalogie tous les vieux barons gothiques, batailleurs, et couverts de fer des pieds à la tête, qui ont vécu depuis le temps de Crenthemynachcryme, et dont aucun probablement ne savait écrire son nom.

— Si cette observation est un trait dirigé contre mes ancêtres, dit le baronnet en prenant un air de supériorité, j'ai le plaisir de vous annoncer que le nom d'un de mes aïeux, Gamelyn de Guardover Miles, est fort bien écrit de sa propre main dans la plus ancienne copie de la déclaration de Ragman.

— Ce qui ne sert qu'à prouver qu'il fut un des premiers à donner l'exemple de la bassesse en se soumettant à Édouard Ier. Après un tel faux pas, sir Arthur,

(1) Nous avons entendu en 1826 un professeur, dans une réunion littéraire, réclamer l'attention de ses auditeurs en faveur de Scaliger, parce qu'il fut non-seulement un savant critique, mais encore un gentilhomme. Ce trait du caractère de sir Arthur est-il donc exagéré? — ÉD.

nous parlerez-vous encore de la loyauté sans tache de votre famille?

— C'en est assez, monsieur, dit sir Arthur en se levant avec fierté, et en repoussant la chaise en arrière, j'aurai soin désormais de ne pas honorer de ma compagnie un homme qui montre si peu de gratitude pour ma condescendance.

— Vous ferez en cela ce qui vous sera le plus agréable, sir Arthur; comme j'ignorais toute l'étendue de l'honneur que vous avez daigné me faire en venant me visiter dans ma pauvre maison, j'espère que je puis être excusé de n'avoir pas poussé la reconnaissance jusqu'à la servilité.

— Fort bien! très-bien! M. Oldbuck, je vous souhaite le bonsoir.

— Monsieur..... monsieur qui?.... Shovel, je pense, j'ai l'honneur de vous saluer.

Sir Arthur sortit de la salle à manger aussi courroucé que s'il eût été animé de la fureur de tous les chevaliers de la table ronde, et traversa à grands pas le labyrinthe de passages qui conduisaient au salon.

—. Avez-vous jamais vu un vieil âne si entêté? dit Oldbuck à Lovel: mais je ne veux pas qu'il parte ainsi comme un forcené.

A ces mots, il poursuivit le baronnet qui faisait retraite, se guidant sur le bruit des portes que sir Arthur ouvrait et fermait avec force en cherchant l'appartement où le thé devait être servi. — Vous vous blesserez, criait l'antiquaire, *qui ambulat in tenebris nescit quò vadit* (1).

Sir Arthur se trouvait alors effectivement dans une

(1) Qui marche dans les ténèbres ne sait où il va. — Tr.

obscurité complète, véritable calmant dont les bonnes et les enfans connaissent l'efficacité. Si elle n'apaisa pas le courroux de l'irritable baronnet, du moins elle retarda sa marche, et M. Oldbuck, qui connaissait mieux le local, le rejoignit à l'instant où il allait entrer dans le salon.

— Un moment, sir Arthur, dit Oldbuck en se mettant entre la porte et lui ; pas tant de vivacité, mon bon et ancien ami. Je confesse que je me suis laissé emporter trop loin en vous parlant de sir Gamelyn. Parbleu, c'est une de mes anciennes connaissances, un de mes favoris, un des compagnons de Bruce et de Wallace. Je le jurerais sur une bible *editio princeps*, il ne signa la déclaration de Ragman que dans l'intention légitime et justifiable de tromper ces coquins d'Anglais. C'était une ruse de véritable Écossais, mon brave chevalier ; mille autres en ont fait autant. Allons, allons, oubli et pardon. Avouons que nous avons donné à ce jeune homme le droit de nous regarder comme deux vieux fous entêtés.

— Parlez pour vous-même, M. Jonathan Oldbuck, dit sir Arthur d'un ton majestueux.

— Fort bien ! fort bien ! le moyen de faire entendre raison à un homme opiniâtre !

La porte s'ouvrit, et l'on vit entrer dans le salon sir Arthur suivi de Lovel et de M. Oldbuck, tous trois ayant évidemment l'air un peu embarrassé.

— Je vous attendais, mon père, dit miss Wardour, pour vous proposer d'aller à pied à la rencontre de notre voiture. La soirée est si belle !

Sir Arthur accepta sur-le-champ une proposition qui convenait si bien à l'humeur à laquelle il s'était livré, et ayant refusé thé et café, comme c'est l'usage quand on est mécontent, il prit sa fille sous le bras, et partit après avoir salué les dames en grande cérémonie, et dit adieu très-sèchement à M. Oldbuck.

— Je crois que quelque mouche a encore piqué M. Arthur, dit miss Oldbuck.

— Quelque mouche! quelque diable plutôt! il est plus absurde qu'aucune femelle dans tout l'univers. Qu'en dites-vous, Lovel? Eh bien! il est aussi parti!

— Mon oncle, il a pris congé de nous pendant que miss Wardour mettait son schall; mais je crois que vous n'y avez pas fait attention.

— Ils ont tous le diable au corps. Voilà ce qu'on gagne à sortir de ses habitudes, et à se mettre en frais pour donner à dîner. — O Seged, empereur d'Éthiopie, ajouta-t-il en prenant une tasse de thé d'une main, tandis qu'il tenait de l'autre un volume du *Rambler* (1), car pendant tous les repas qu'il faisait en présence de sa sœur, son usage constant était de faire une lecture, afin de prouver en même temps son mépris pour la société des femmes, et sa résolution de consacrer tous ses instans à s'instruire; — ô Seged, dit-il, tu avais bien raison; personne ne peut dire, Ce jour sera un jour de bonheur!

Oldbuck continua sa lecture pendant près d'une heure, sans être interrompu par sa sœur ni par sa nièce, qui s'occupaient en silence de quelque ouvrage à l'aiguille. Tout à coup on entendit frapper modestement à la porte du salon, et elle s'entr'ouvrit presque au même instant.

(1) *Le Rôdeur*, essai de morale dans le genre du *Spectateur* d'Addison, par S. Johnson. — ÉD.

— C'est vous, Caxon ? dit Oldbuck ; entrez.

Le vieux barbier avança sa tête couverte de quelques cheveux gris, et une manche de son habit blanchi par la poudre, et dit d'un ton mystérieux : — Je voudrais vous parler, monsieur.

— Entrez donc, vieux fou ; voyons ce que vous avez à me dire.

— C'est que je crains d'effrayer ces dames.

— Effrayer ! que voulez-vous dire ? N'importe, ne vous inquiétez pas d'elles. Avez-vous encore vu un esprit sur le Humlock-Knowe ?

— Il ne s'agit pas d'esprit, monsieur ; mais je n'en suis pas plus tranquille.

— Avez-vous jamais entendu parler de quelqu'un qui le fût ? Pourquoi un vieux coquin tout poudreux comme vous jouirait-il de plus de tranquillité que le reste des hommes ?

— Ce n'est pas pour moi que je suis inquiet, monsieur ; mais la nuit menace d'être terrible, et sir Arthur et miss Wardour, pauvre fille !....

— Pauvre idiot ! ils ont dû trouver leur voiture au bout de l'avenue ou aux environs, et ils sont chez eux depuis long-temps.

— Non, monsieur, non. Ils n'ont pas pris la grande route, ils ont tourné par les sables.

Ce mot fut une étincelle électrique qui frappa M. Oldbuck. — Par les sables ! impossible !

— C'est ce que j'ai dit au jardinier ; mais il prétend qu'il les a vus monter Mussel-Craig. En vérité, Davie, lui dis-je, si cela est, je crains bien.....

— Un almanach ! un almanach ! s'écria l'antiquaire en se levant d'un air alarmé. Fi donc ! s'écria-t-il en jetant par terre un petit almanach de poche que sa nièce lui présenta, c'est l'almanach de Fairport qu'il me faut. — L'almanach fut apporté, consulté, et augmenta son agitation. — J'irai moi-même. Appelez le jardinier et son garçon, qu'ils se munissent de cordes et d'échelles, qu'ils amènent avec eux le plus de monde qu'ils pourront, qu'ils gagnent le haut des rochers, et qu'ils poussent de grands cris pour les avertir du danger.

— De quel danger? demandèrent en même temps sa sœur et sa nièce.

— La marée, la plus forte marée de l'année! répondit l'antiquaire hors de lui.

— Je vais envoyer Jenny..... mais, non, j'irai moi-même, dit miss Mac Intyre partageant la terreur de son oncle. Je vais courir chez Saunders Mucklebackit, et lui dire de mettre sa barque en mer.

— Bien dit! ma chère, je vous remercie. C'est ce qu'on a encore dit de plus sensé à ce sujet. S'en aller par les sables! s'écria-t-il en prenant sa canne et son chapeau, vit-on jamais pareil trait de folie?

CHAPITRE VII.

« Ils viennent d'admirer les vagues mugissantes
« Qui franchissent soudain leurs digues impuissantes
» Déjà de toutes parts ils sont entourés d'eau :
» L'onde avance, recule, avance de nouveau :
» Chaque nouvelle vague approchant davantage,
» Menace de couvrir entièrement la plage. »

L'alarme que le rapport de Davie Dibble avait causée à Monkbarns n'était que trop bien fondée. L'intention de sir Arthur et de sa fille en partant avait été de retourner à Knockwinnock par la grande route, sur laquelle ils auraient trouvé leur voiture ; mais en arrivant au bout de l'avenue qui conduisait au château de Monkbarns, ils aperçurent à peu de distance devant eux Lovel, qui marchait à petits pas, comme pour se procurer une occasion de les joindre. Aussitôt miss Wardour proposa à son père de prendre un autre chemin, et, comme le temps était beau, de s'en retourner à pied par les sables qui, s'étendant sous une chaîne de rochers escarpés, offraient presque toujours une promenade agréable de Monkbarns à Knockwinnock.

Sir Arthur y consentit volontiers : — Il serait très-déplaisant, dit-il, de se trouver accostés par ce jeune inconnu, que M. Oldbuck a pris la liberté de nous présenter. Le baronnet était de la vieille roche ; il n'avait point acquis cette aisance moderne avec laquelle on coupe (1) l'homme dans la société duquel on a vécu toute une semaine, du moment qu'on trouve incommode de le reconnaître. Sir Arthur chargea seulement un enfant, très-charmé d'avoir l'occasion de gagner un penny sterling, de courir au-devant de sa voiture, et de dire à son cocher de la reconduire à Knockwinnock.

Cette affaire étant réglée, et le petit émissaire étant parti, le chevalier et sa fille quittèrent la grande route, et, suivant un sentier qui circulait entre des monticules de sable, couverts en partie de genêts épineux et d'une espèce de jonc appelée bent-grass (2), ils arrivèrent bientôt au bord de l'Océan. La marée n'était pas aussi éloignée qu'ils l'avaient pensé, mais cette circonstance ne leur donna aucune inquiétude, car il n'arrivait pas dix fois par an qu'elle approchât assez des rochers pour ne

(1) *To cut a man*. Couper un homme, dans le jargon *fashionable* moderne, c'est ne pas le reconnaître. Les Anglais poussent cet art très-loin : ils ont le *cut* direct, le *cut* indirect, le *cut* sublime, le *cut* infernal, etc. Le *cut* direct, c'est passer du côté opposé de la rue, pour ne pas rencontrer l'homme qu'on veut *couper ;* le *cut* indirect, c'est affecter de regarder attentivement d'un autre côté pour ne pas le voir ; le *cut* sublime, c'est regarder le ciel, ou un clocher, ou une tour, etc. ; le *cut* infernal, c'est regarder son soulier, ou tout autre objet par terre, avec inquiétude, etc.—Éd.

(2) *L'Arundo arenalis*, qui croît sur les bords de la mer. — Éd.

pas y laisser un passage à pied sec. Cependant, à l'époque des marées de printemps, et même dans les temps ordinaires, quand le flux était accéléré par un grand vent, cette route était entièrement inondée par la mer, et la tradition conservait le souvenir de plusieurs accidens qui étaient arrivés en pareilles occasions. Mais ces histoires, comme tant d'autres, ne servaient qu'à charmer les loisirs du coin du feu. On ne regardait le danger que comme éloigné et invraisemblable, et les sables servaient toujours de communication ordinaire entre Knockwinnock et Monkbarns.

Sir Arthur et sa fille jouirent, chemin faisant, de l'agrément de marcher sur un sable frais et humide; Isabelle ne put s'empêcher de remarquer que la marée précédente s'était avancée beaucoup plus loin que de coutume. Le baronnet fit la même observation, mais ni l'un ni l'autre ne fut alarmé de cette circonstance. Le disque du soleil était alors de niveau avec l'Océan, et dorait d'épais nuages que le vent avait dispersés pendant toute la journée, et qui se rassemblaient alors de toutes parts, comme les infortunes se multiplient autour d'un monarque qui succombe. Cependant sa splendeur mourante prêtait une sombre magnificence à l'amas de vapeurs dont les masses figuraient des tours et des pyramides nuancées d'or, de pourpre, et quelques-unes d'un rouge foncé. La mer s'étendait au loin avec un calme imposant sous ce dais pompeux et varié; elle réfléchissait les rayons étincelans de l'astre qui semblait descendre dans son sein, et les riches couleurs des nuages au milieu desquels il se couchait. Plus près du rivage, la marée s'avançait en vagues argentées qui gagnaient imperceptiblement sur les sables.

Tout occupée à admirer cette scène romantique, ou peut-être rêvant à quelque objet plus intéressant encore, miss Wardour marchait en silence à côté de son père, dont la dignité encore offensée ne lui permettait pas de se livrer à la conversation. Suivant les détours que formait le rivage, ils côtoyèrent les promontoires des rochers les uns après les autres, et se trouvèrent enfin sous une chaîne non interrompue de monts escarpés dont la ceinture protège cette côte en beaucoup d'endroits. De longs rescifs à fleur d'eau dont l'existence n'était annoncée que par un pic qui s'élevait çà et là au-dessus de la surface de la mer, ou par le bouillonnement que formaient les vagues en passant sur ceux qui en étaient presque entièrement couverts, rendaient la baie de Knockwinnock redoutable aux pilotes. Les rocs qui s'élevaient entre la plage et la terre, à la hauteur de deux ou trois cents pieds, offraient, dans leurs crevasses, à d'innombrables oiseaux de mer une retraite dont l'élévation prodigieuse semblait les mettre à l'abri des entreprises de l'homme. Un grand nombre de ces oiseaux sauvages, mus par cet instinct qui les porte à regagner la terre avant un orage, volaient vers leurs nids avec un cri aigu, expression d'inquiétude et de crainte. Le disque du soleil fut obscurci et voilé avant de tomber sous l'horizon, et de profondes ténèbres souillèrent le crépuscule serein d'une soirée d'été. Le vent commença bientôt à se lever, mais ses mugissemens sourds se firent entendre et ses effets sur la mer se firent apercevoir long-temps avant que l'ouragan fût sensible sur le rivage. La masse d'eau, alors sombre et menaçante, commença à se soulever en lames plus épaisses, et à s'affaisser dans des sillons plus profonds ; des vagues s'élançaient écumeuses au-dessus des brisans, ou se brisaient sur la plage avec un bruit semblable au tonnerre lointain.

Effrayée d'un changement de temps si soudain, Isabelle se rapprocha de son père, et lui saisit vivement le bras. — Je voudrais, lui dit-elle, mais à demi-voix, comme si elle eût rougi de lui montrer ses craintes croissantes, je voudrais que nous eussions suivi la grande route, ou que nous eussions attendu la voiture à Monkbarns.

Sir Arthur jeta un coup d'œil autour de lui, et ne vit pas ou ne voulut pas convenir qu'il y eût aucun signe d'orage prochain. — Nous serons à Knockwinnock, lui dit-il, long-temps avant le commencement de la tempête. Cependant il doubla le pas, et sa fille, qui avait peine à le suivre, vit par là qu'il pensait que quelques efforts étaient nécessaires pour que cette prédiction consolante s'accomplît.

Ils étaient alors presque au centre d'une baie étroite, mais profonde, formée par deux promontoires de rochers élevés et inaccessibles qui s'avançaient vers la mer en forme de croissant; ni le père ni la fille n'osaient exprimer la crainte qu'ils éprouvaient que les progrès rapides de la marée ne les missent dans l'impossibilité de doubler le cap qui était devant eux, et même de regagner celui qu'ils avaient déjà dépassé.

Tandis qu'ils s'avançaient ainsi, regrettant sans doute de ne pouvoir changer cette ligne courbe que les sinuosités du rivage les forçaient à décrire, pour cette ligne droite qu'on prétend funeste aux proportions de la beauté, sir Arthur aperçut sur la grève une figure humaine qui s'avançait vers eux. — Dieu soit loué! s'écria-t-il, voici quelqu'un qui a dû doubler le promontoire d'Halket-Head, et par conséquent nous pourrons y passer. Il avait eu assez de force pour cacher sa crainte, mais il ne put s'empêcher de laisser éclater son espérance.

— Oui, Dieu soit loué ! répéta sa fille avec émotion, et reconnaissante de cette faveur du ciel.

L'individu qui s'approchait d'eux leur faisait plusieurs signes que l'obscurité de l'atmosphère, alors troublée par le vent et la pluie, les empêcha de distinguer, ou de comprendre. Quelques instans avant d'être près de lui, sir Arthur reconnut le vieux mendiant à manteau bleu, Edie Ochiltrie. On dit que les animaux mêmes, dans un danger pressant et commun, oublient leurs animosités et leurs antipathies naturelles. De même la plage d'Halket-Head, menacée d'être couverte à chaque instant par une forte marée que poussait un vent impétueux, devint un terrain neutre où un magistrat et un mendiant vagabond pouvaient traiter presque sur le pied de l'égalité.

— En arrière, en arrière ! s'écria Edie : pourquoi n'êtes-vous pas retournés sur vos pas aussitôt que je vous en ai fait signe.

— Nous pensions, répondit sir Arthur avec la plus grande inquiétude, que nous pouvions doubler Halket-Head.

— Halket-Head ! la marée y battra contre les rochers avec autant de force que la cataracte de Fyers (1), avant que vous y soyez arrivés. Ce fut tout ce que j'ai pu faire que d'y passer il y a environ vingt minutes, et la mer

(1) Une des belles cascades de l'Écosse, dans le comté d'Inverness. — Éd.

venait déjà à trois pieds de moi. Il faut tâcher de regagner la pointe de Bally-Burgh-Ness, et que le ciel nous protège, car c'est notre seule chance de salut. Mais il faut essayer.

— O mon Dieu ! et ma pauvre enfant ! — Mon père, mon tendre père, s'écrièrent en même temps sir Arthur et sa fille, tandis que la frayeur leur prêtant de nouvelles forces, et doublant la vitesse de leur marche, ils s'efforçaient de regagner le cap sous lequel ils avaient passé un quart d'heure auparavant, et qui formait l'extrémité méridionale de la baie.

— J'ai appris que vous étiez ici, de l'enfant que vous avez envoyé au-devant de votre voiture, dit le mendiant en marchant d'un pas ferme derrière miss Wardour, et je n'ai pu penser sans trembler au péril que courait cette pauvre jeune dame qui a toujours eu tant de bontés pour moi et pour tous les malheureux qui ont jamais imploré son secours. Si bien qu'en regardant les vagues avancer et reculer, je calculais que si je pouvais passer la baie assez tôt pour vous avertir, il serait encore possible de vous sauver, mais je crains bien qu'il ne soit trop tard. Qui a jamais vu la marée monter avec une telle force ? voyez là bas le Ratton-Skerry ; j'ai toujours vu sa tête hors de l'eau, et maintenant il en est couvert.

Sir Arthur jeta un coup d'œil vers l'endroit désigné par le vieillard. Un roc énorme qui en général, et même dans les marées du printemps, montrait au-dessus des eaux une masse semblable à la quille d'un grand navire, était alors entièrement submergé, et l'on ne reconnaissait sa place qu'au bouillonnement des ondes irritées de la résistance qu'il leur opposait.

— Hâtez-vous, ma jeune dame, continua le vieillard, hâtez-vous, tout espoir n'est pas encore perdu. Appuyez-vous sur mon bras, il est vieux et faible, mais il s'est déjà trouvé en pareil danger. Prenez mon bras, vous dis-je, ma bonne dame. Voyez-vous ce point noir là-bas au milieu des eaux? Ce matin il était aussi élevé que le mât d'un vaisseau, et à présent à peine l'aperçoit-on; mais tant que j'en verrai grand comme mon chapeau, j'espérerai toujours que nous pourrons passer au bas de Bally-Burgh-Ness.

Isabelle accepta en silence le secours que lui offrait le mendiant, et que sir Arthur n'était guère en état de lui donner. Les vagues s'approchaient alors tellement d'eux, qu'ils furent obligés d'abandonner les sables, où ils avaient jusqu'alors pu marcher d'un pas ferme, et de prendre un sentier raboteux situé au pied des rochers, et qui même montait quelquefois sur leurs bords. Il aurait été impossible à sir Arthur et à sa fille de suivre ce chemin dangereux dans l'obscurité, s'ils n'avaient eu pour guide le vieil Edie, qui les encourageait en leur disant qu'il avait plusieurs fois passé en cet endroit pendant de hautes marées, quoiqu'il fût obligé de convenir qu'il n'avait jamais vu une nuit si terrible.

Elle l'était véritablement. Le mugissement de la tempête se mêlant aux cris des oiseaux de mer semblait le chant de mort des trois infortunés placés entre deux des objets les plus imposans et les plus redoutables de la nature, une mer orageuse et des rocs inaccessibles. Ils continuaient leur route pénible et dangereuse sur la lisière des rochers, où ils étaient souvent atteints par l'écume jaillissante d'une vague monstrueuse qui s'élançait sur le sable plus loin que celles qui l'avaient précédée. A chaque instant leur ennemi gagnait du terrain sur eux; cependant ils ne perdaient pas toute espérance : le roc noir que leur avait montré Ochiltrie était encore visible, et il continua de l'être jusqu'à ce qu'ils arrivassent au détour du sentier précaire qu'ils suivaient; ce fut la projection du rocher qui le déroba à leur vue. Privés de l'espèce de phare sur lequel ils comptaient, ils éprouvèrent une double angoisse d'inquiétude et de terreur. Ils s'efforcèrent pourtant d'avancer, mais étant arrivés à un endroit d'où ils auraient dû l'apercevoir, ils ne le revirent plus, et mille vagues écumantes venant se briser contre le promontoire de Bally-Burgh-Ness, s'élevaient aussi haut que le grand mât d'un navire de haut bord.

Le vieillard changea de visage. Isabelle poussa un profond gémissement.—Que Dieu ait pitié de nous! Cette exclamation solennelle qui, échappa au mendiant, fut répétée par sir Arthur d'un ton lamentable.

— Ma fille! ma chère fille! ajouta-t-il : te voir périr d'une pareille mort!

— Mon père! mon pauvre père! dit Isabelle en le serrant dans ses bras; et vous aussi, dit-elle à Edie, qui allez perdre la vie pour avoir voulu sauver la nôtre!

— Ce n'est pas la peine d'y penser, dit Ochiltrie : j'ai assez vécu pour être las de la vie. Et ici ou là, au bord d'un fossé, dans la neige ou sous une vague, qu'importe où mourra le vieux porte-besace?

— Brave homme, dit sir Arthur, n'est-il donc nul moyen?..... ne pouvez-vous rien imaginer?..... Je vous ferai riche..... je vous donnerai une ferme..... je vous.....

— Nos fortunes seront bientôt égales, dit le mendiant en jetant un regard sur les flots conjurés. Elles le sont déjà, car je n'ai pas un pouce de terre; et vous donneriez toute votre baronnie pour la plus petite pointe de rocher qui resterait à sec pendant douze heures.

Tout en parlant ainsi, ils s'arrêtèrent sur le plus haut bord du rocher qu'ils purent atteindre, car ils virent que toute tentative pour avancer vers le promontoire ne servirait qu'à accélérer leur perte. Il fallait donc attendre en ce lieu les progrès lents mais sûrs de l'élément furieux, à peu près comme les martyrs de l'Église primitive, condamnés par des tyrans païens à être exposés aux bêtes féroces, voyaient d'abord l'impatience et la rage qui les agitaient en attendant l'instant où l'on ouvrirait les grilles de leurs cages.

Cependant cette pause terrible donna le temps à Isabelle de réunir toutes les forces d'une ame naturellement ferme et courageuse, et que le danger arma d'une nouvelle résolution. — Perdrons-nous donc la vie, s'écria-t-elle, sans faire quelques efforts pour la sauver? n'existe-t-il aucun sentier, quelque dangereux qu'il soit, qui puisse nous conduire sur le sommet du rocher, ou du moins à une hauteur que la mer ne puisse atteindre, et où nous puissions rester jusqu'au jour, ou jusqu'à ce qu'il nous arrive du secours? on doit connaître notre situation, et l'on viendra sûrement à notre aide.

Sir Arthur, qui avait entendu la question de sa fille presque sans la comprendre, se tourna cependant par instinct et d'un air empressé vers le vieux mendiant, comme s'il eût dépendu de lui de leur sauver la vie.

— Quand j'étais jeune, dit Ochiltrie après un instant de silence, personne n'était plus hardi que moi à gravir les rochers, et j'ai déniché plus d'un nid sur ceux-ci, il y a long-temps, bien long-temps, et nul mortel ne pourrait y monter sans corde. Mais quand j'aurais encore aujourd'hui l'œil aussi bon, le pied aussi sûr, la main aussi ferme qu'autrefois, comment pourrais-je vous sauver? Il est bien vrai qu'il y avait un sentier ici aux environs, mais si nous pouvions le voir, vous aimeriez peut-être mieux rester où nous sommes que de vous y hasarder. — Dieu soit loué! s'écria-t-il tout à coup, il y a quelqu'un sur le haut du rocher. Et criant de toutes ses forces, il se mit à donner à l'aventurier hardi qui se présentait les instructions que lui suggéraient ses connaissances des lieux.

— C'est cela! c'est cela! Par ici, par ici! Attachez bien la corde autour de la Corne de la Vache (1), cette grosse pierre noire là-haut; faites-y deux tours. — C'est bien! A présent avancez un peu sur la droite, vers cette autre pointe de rocher que nous appelons l'Oreille du Chat (2). Il y avait là le tronc d'un vieux chêne. — Tout doucement. Mettez-y le temps. Prenez bien garde à vous. Mais, mon Dieu, mettez-y le temps, vous dis-je. Bien! Maintenant descendez sur le *Tablier de Bessy* (3), cette grande pierre bleue plate; de là avec votre aide et celle de la corde, je crois que nous pourrons sauver la jeune dame et sir Arthur.

Lovel, car c'était lui, ayant exactement suivi les avis du vieux mendiant, lui jeta le bout de la corde, que celui-ci attacha solidement autour du corps de miss Wardour, après l'avoir enveloppée dans son propre

(1) *Crummie's Horn.* — Éd.

(2) *Cat's lug.* — Éd.

(3) *Bessy's Apron.* Toutes ces désignations populaires sont, comme on voit, l'expression de la configuration des rochers.— Éd.

manteau bleu, pour la préserver, s'il était possible, de tout accident. Alors, s'aidant de la corde, dont l'autre bout était attaché à la pierre noire qu'il avait indiquée, il se mit lui-même à gravir le rocher, entreprise hasardeuse qu'il n'exécuta pas sans courir plus d'un danger. Enfin il arriva sur l'espèce de plate-forme où se trouvait Lovel, et leurs forces réunies vinrent à bout de faire monter Isabelle jusqu'au même lieu de sûreté. Lovel descendit alors pour aider sir Arthur, attacha la corde autour de lui, et remonta, mais non sans difficulté, pour travailler avec Ochiltrie à amener en haut le baronnet.

La joie qu'ils éprouvèrent en se voyant échappés à la mort d'une manière presque miraculeuse produisit son effet ordinaire. Le père et la fille se jetèrent dans les bras l'un de l'autre, s'embrassèrent et pleurèrent de tendresse. Cependant ils avaient la triste perspective de passer une nuit orageuse sur le flanc d'un rocher escarpé, dont le bord offrait à peine assez de place pour ces quatre personnes tremblant de froid, qui, de même que la troupe des oiseaux de mer, y cherchaient un asile contre l'élément destructeur. Déjà les vagues, qui continuaient à grossir, couvraient l'endroit qu'ils venaient de quitter, et leur cime inondait celui qui leur servait maintenant de refuge. Au bruit produit par leur choc on aurait dit qu'elles redemandaient la proie qui leur échappait. C'était une nuit d'été, mais elle était si affreuse qu'on pouvait douter que la constitution délicate de miss Wardour pût résister jusqu'au matin à tout ce qu'elle avait à souffrir d'une pluie qui tombait sans discontinuer, et d'un vent qui redoublait de violence à chaque instant.

— J'ai passé en plein air plus d'une nuit semblable,

dit Ochiltrie, mais la petite, la pauvre bonne petite, Dieu me protège, comment pourra-t-elle y survivre?

C'était à Lovel qu'il communiquait ainsi ses inquiétudes à demi-voix ; car il existe une sorte de franc-maçonnerie entre les esprits hardis et entreprenans, qui fait qu'ils se reconnaissent et s'entendent dans le moment du danger, et il s'était établi sur-le-champ entre eux une confiance mutuelle.

— Je vais gravir de nouveau jusqu'au haut du rocher, dit Lovel ; l'obscurité n'est pas assez complète pour m'empêcher de voir où appuyer le pied, et je pourrai appeler du secours.

— Faites-le, faites-le, pour l'amour du ciel! s'écria vivement sir Arthur.

— Êtes-vous fou, dit le mendiant ; Francie O'fowlsheugh, et personne n'était plus hardi à gravir les rochers, car il se cassa le cou sur celui de Dunbuy de Slaines, Francie, vous dis-je, n'aurait pas osé monter sur les rocs d'Halket-Head après le coucher du soleil. Après ce que vous avez déjà fait, c'est une grande merveille que vous ne soyez pas déjà dans la mer qui est sous nos pieds, et il a fallu la grace de Dieu pour vous en préserver. Je n'aurais pas cru qu'un homme pût descendre du haut de ce rocher comme vous l'avez fait. Je ne sais si j'en serais venu à bout moi-même dans le temps où j'avais avec moi la force et la jeunesse. Mais vouloir y remonter ! ce serait tenter la Providence.

— Je ne crains rien, répondit Lovel, j'ai bien remarqué en descendant tous les endroits qui peuvent m'aider, et il y a encore assez de clarté pour que je les reconnaisse. Je suis sûr que j'arriverai au sommet sans accident. Quant à vous, mon cher ami, restez près de sir Arthur et de sa fille.

— Il faudra donc que le diable m'engourdisse les jambes, dit Ochiltrie brusquement. Si vous y montez, j'y monterai aussi ; nous aurons fort à faire tous les deux pour gagner le haut de ce rocher.

— Non, répondit Lovel, restez ici pour veiller sur miss Wardour. Vous voyez que les forces de sir Arthur sont épuisées.

— Eh bien, restez-y vous-même, répliqua le mendiant, et je m'en irai seul : il est juste que le fruit mûr tombe avant celui qui est encore vert.

— Restez tous deux, je vous en conjure, dit Isabelle d'une voix faible, je me trouve bien, et je puis passer la nuit ici sans inconvénient : je sens que mes forces reviennent. A ces mots la voix lui manqua, ses genoux fléchirent sous elle, et elle serait tombée dans la mer qui baignait le pied du rocher, si Lovel et Ochiltrie ne l'eussent soutenue. Ils l'assirent près de son père, qui, épuisé par la fatigue et l'inquiétude, s'était déjà assis sur la pierre, plongé dans une espèce de stupeur.

— Il est impossible que nous les quittions, dit Lovel ; que faire ? Écoutez ! écoutez ! n'ai-je pas entendu un cri !

— C'est un tammie-norie (1), répondit Ochiltrie, je connais son cri parfaitement.

— De par le ciel, dit Lovel, c'était une voix humaine.

De nouveaux cris se firent entendre dans le lointain, et l'on pouvait les reconnaitre malgré le bruit des élémens et les cris que poussaient les mouettes dont ils étaient entourés. Lovel et le mendiant crièrent ensemble de toutes leurs forces, et le premier, ayant pris le mouchoir de miss Wardour, l'attacha au bout de son bâton

(1) C'est le nom écossais du plongeon imbrim, *colymbus glacialis*. — Éd.

et l'agita en l'air dans l'espoir qu'on apercevrait son signal. Les mêmes cris se répétèrent plus d'une fois, mais il se passa quelque temps avant qu'ils répondissent exactement aux leurs ; de sorte qu'on pouvait craindre que le bruit de la tempête n'empêchât ceux qui arrivaient si à propos d'entendre les infortunés qui avaient besoin de leur secours, et que l'obscurité ne leur permît pas de distinguer vers quel point ce secours devait être dirigé. Enfin les cris se répondirent d'une manière distincte et régulière ; Lovel et ses compagnons reprirent courage en voyant qu'ils étaient à portée d'être entendus par quelques amis, sinon d'en être secourus.

CHAPITRE VII.

> « Il est sur ce rivage un rocher sourcilleux
> » Dont les flancs sont battus par l'Océan fougueux :
> » Portez-moi sur sa cime, et ma reconnaissance
> » Promet de réparer bientôt votre indigence. »
>
> SHAKSPEARE. *Le roi Léar.*

Le bruit des voix qui venaient du haut du rocher ne tarda point à augmenter, et des torches joignirent leurs lueurs à celle des éclairs. Quelques tentatives furent faites pour ouvrir une communication entre ceux qui apportaient du secours et ceux qui en avaient un si grand besoin ; mais le bruit de la tempête était tel, que tous les sons de la voix semblaient aussi peu articulés que les cris poussés par les habitans ailés du rocher, effrayés de ces clameurs réitérées dans un lieu où l'homme s'était si rarement fait entendre.

Sur l'extrême bord des rochers était alors assemblé

un groupe rempli d'inquiétude. A la tête était Oldbuck, qui, ayant assuré son chapeau et sa perruque avec un mouchoir noué sous son menton, avançait la tête sur le précipice avec un air de détermination qui faisait frémir ses compagnons moins hardis.

— Prenez garde, Monkbarns, prenez garde, s'écriait Caxon, retenant de toutes ses forces son patron par les pans de son habit; pour l'amour de Dieu, prenez garde. Sir Arthur est déjà noyé; si vous tombez aussi dans l'eau, il n'y aura plus qu'une perruque dans la paroisse, et ce sera celle du ministre.

— Ici, ici! s'écria Mucklebackit, vieux pêcheur qui avait fait long-temps le métier de contrebandier; arrivez ici! Steenie, Steenie, apportez le câble; je vous garantis qu'avant peu nous les amènerons à bord. Monkbarns, si vous vouliez dégager le chemin ?

— Je les vois, dit Oldbuck, ils sont là-bas sur cette roche plate. Holà! eh! ho!

— Je les vois bien aussi, répondit Mucklebackit; ils sont là-bas accroupis comme des corbeaux au brouillard; mais croyez-vous les tirer d'embarras en criant comme une vieille mouette au premier coup de vent. Steenie, apportez le mât. De par Dieu! je sais comment m'y prendre pour les monter ici. Combien de tonneaux de vin et d'eau-de-vie n'ai-je pas pêchés ainsi autrefois! Allons, mes enfans, la pioche, la hache, et qu'on fende le rocher pour y enfoncer le mât. Attachez le fauteuil au câble bien solidement; un bon nœud de tisserand; tirez les deux bouts; serrez bien!

Les pêcheurs avaient apporté avec eux le mât d'une barque, et comme la moitié des habitans du pays étaient accourus, les uns par zèle, les autres par curiosité, ils l'eurent bientôt solidement fixé dans le rocher. On y attacha en travers une vergue à laquelle on suspendit une corde qui, coulée autour d'une poulie, forma tout à coup une espèce de grue ; ce qui fournit le moyen de pouvoir descendre un fauteuil bien attaché à la corde jusqu'à la petite plate-forme où s'étaient réfugiés nos quatre infortunés. Ils entendirent le bruit des préparatifs qu'on faisait pour les secourir ; mais leur joie ne fut pas sans mélange de crainte, quand ils virent le frêle esquif destiné à les transporter dans les airs. Il flottait à environ trois pieds de l'endroit où ils se trouvaient, obéissant à chaque coup de vent, et n'ayant pour toute garantie que la solidité d'une corde qui, dans l'obscurité, ne paraissait presque qu'un fil imperceptible. Mais outre ce premier risque qu'on courait en se confiant à une machine si frêle, il en existait un autre non moins effrayant, c'était d'être brisé contre le rocher par suite des vibrations de la corde agitée par le vent. Pour diminuer ce dernier danger autant qu'il était possible : l'expérience de Mucklebackit lui avait suggéré de descendre avec le fauteuil une autre corde qui, tenue d'en-bas par les compagnons du voyageur aérien, pouvait en quelque sorte servir de guide, et rendre la montée plus sûre et plus régulière. Néanmoins, pour se hasarder dans une telle voiture pendant une nuit obscure, et au milieu des mugissemens des vents et de la tempête, avec un rocher escarpé sur la tête, et un abime effrayant sous les pieds, il fallait tout le courage que le désespoir seul peut donner. Cependant, en dépit de tous ces dangers et des craintes qu'ils inspiraient nécessairement, Ochiltrie, après une courte consultation, se suspendit un instant à la corde, et au risque de sa vie en reconnut la solidité;

Lovel et lui convinrent qu'il fallait d'abord attacher solidement miss Wardour sur le fauteuil, et se fier au zèle et au soin de leurs amis pour la faire arriver sans accident au haut du rocher.

— Que mon père parte le premier, s'écria Isabelle : pour l'amour du ciel, mes amis, songez d'abord à sa sûreté.

— Cela est impossible, miss Wardour, dit Lovel, il faut avant tout sauver votre vie; d'ailleurs il serait possible qu'une corde assez solide pour supporter votre poids ne fût pas en état......

— Je n'écouterai point un tel raisonnement, ce serait un égoïsme.....

— Mais il faut que vous m'écoutiez, ma bonne demoiselle, dit Ochiltrie, car votre vie en dépend. Quand vous serez là-haut, vous pourrez rendre compte à vos amis de la situation où nous sommes sur cette langue de rocher, et leur dire ce qu'ils auront à faire, au lieu qu'il me semble que sir Arthur n'en est guère en état.

Frappée de la justesse de cette réflexion, — Vous avez raison, s'écria-t-elle, oui, j'y suis décidée, je ferai la première ce voyage périlleux. Mais qu'aurai-je à dire à nos amis là-haut?

— De bien prendre garde que la corde ne frotte contre le rocher, et de descendre et remonter le fauteuil doucement et tranquillement; nous crierons quand nous serons prêts.

Avec autant d'attention qu'un père en aurait eu pour sa fille, Lovel attacha miss Wardour au dos et aux bras du fauteuil avec son mouchoir, sa cravate et la ceinture de cuir du mendiant, s'assurant avec grand soin que chaque nœud était bien solidement serré, tandis qu'Ochiltrie cherchait à tranquilliser sir Arthur, qui avait à peine l'usage de la raison.

— Que faites-vous à ma fille? que lui faites-vous? on ne la séparera pas de moi. Restez près de moi, Isabelle, je vous l'ordonne.

— Pour l'amour du ciel, sir Arthur, retenez votre langue, et rendez grace au ciel de ce qu'il y a des gens plus sages que vous pour conduire votre barque, s'écria Ochiltrie impatienté des exclamations déraisonnables du pauvre baronnet.

— Adieu, mon père, dit Isabelle d'une voix tremblante; adieu, mes amis; et, fermant les yeux, comme Edie le lui avait recommandé, elle dit qu'elle était prête : Lovel et le vieux mendiant donnèrent le signal à leurs amis en poussant de grands cris. Tandis qu'elle s'élevait dans les airs, Lovel, tenant la seconde corde attachée au fauteuil, le dirigeait de manière à l'empêcher de heurter contre le rocher : son cœur battait vivement, en voyant les vêtemens blancs de miss Wardour agités par les vents encore en fureur, et il ne commença à respirer plus librement que lorsqu'il la vit arrivée au niveau de l'extrémité du rocher.

— Courage, camarades, courage! criait Mucklebackit, qui remplissait les fonctions de commodore; saisissez la corde avec un crampon. Bien! la voilà en terre ferme.

Un cri de joie partit du haut du rocher pour célébrer son arrivée à bon port; et il fut répété avec enthousiasme par Lovel et par Ochiltrie. M. Oldbuck, ravi en extase, ôta sa redingote pour en envelopper miss Wardour, et il allait faire servir son habit au même usage, si le prudent Caxon ne s'y fût opposé.

— Prenez garde, M. Monkbarns, lui dit-il, Votre Honneur attrapera un rhume : vous serez obligé de rester quinze jours en robe de chambre, sans mettre de perruque, cela ne nous conviendrait ni à l'un ni à l'autre : la voiture de sir Arthur est à deux pas, on peut y transporter la jeune dame.

— Vous avez raison, dit l'antiquaire en repassant la manche de son habit, et en arrangeant son collet, vous avez raison, Caxon ; il fait une nuit diablement humide. Miss Wardour, permettez-moi de vous conduire à votre voiture.

— Non ! pour le monde entier ; il faut d'abord que je voie mon père en sûreté.

Alors, en peu de mots, mais qui prouvaient combien elle avait conservé de sang-froid et de courage au milieu des périls qu'elle avait courus, elle expliqua la situation où se trouvaient ses compagnons d'infortune, et communiqua les instructions qu'Ochiltrie l'avait chargée de donner.

— Fort bien ! très-bien ! Et moi aussi, je voudrais voir sur un terrain sec le descendant de sir Gamelyn de Guardover. Je crois qu'en ce moment il signerait volontiers le serment d'abjuration à la mémoire du Prétendant, la fameuse déclaration de Ragman, et sa renonciation au titre de champion de la reine Marie, pour se trouver en face de ma bouteille de vieux porto qu'il a quittée si brusquement à moitié vide. Mais il arrive, il arrive ! (On commençait en ce moment à remonter le fauteuil, dans lequel sir Arthur s'était laissé placer et attacher presque sans savoir ce qu'on lui voulait.) — Courage ! mes camarades, il faut de bons bras : une généalogie de peut-être cent degrés est suspendue à une corde de vingt sous. Toute la baronnie de Knockwinnock dépend de la solidité de quelques brins de chanvre. *Respice finem, respice funem*, c'est-à-dire, attention à la fin et à la corde! Mais le voici! le voici! Soyez le bienvenu sur la terre ferme, mon bon et ancien ami, quoique je ne puisse dire qu'il y fasse bien chaud et bien sec. Vive la corde contre cinquante brasses d'eau! Vous connaissez le vieux proverbe : ce n'est pas que je veuille en faire l'application; mais enfin il dit qu'il vaut mieux être suspendu par les reins que par le cou.

Pendant ce temps, Isabelle embrassait tendrement son père, qui était encore dans un état de stupeur complète; et, prenant sur elle de donner les ordres que les circonstances exigeaient, elle chargea quelques villageois de le transporter dans sa voiture, disant qu'elle le suivrait dans quelques instants; et, s'appuyant sur le bras d'un vieux paysan, elle resta sur le rocher, probablement pour être certaine de la sûreté de ceux qui avaient partagé ses dangers.

— Qui diable nous arrive ici? s'écria Oldbuck quand le fauteuil remonta pour la troisième fois. Quelle est cette figure de cuir ridé et tanné? Quoi! c'est toi, vieux coquin; ajouta-t-il en reconnaissant à la lueur des torches les cheveux gris et les traits sillonnés du vieux Edie Ochiltrie. — Il faudra que je sois de tes amis. Mais qui diable est donc le quatrième qui reste là-bas?

— Quelqu'un qui nous vaut bien tous les deux, M. Monkbarns; le jeune étranger qu'on nomme Lovel, et qui s'est conduit pendant cette belle nuit comme s'il avait eu trois vies à perdre, et qu'il eût voulu les risquer toutes les trois pour nous sauver. Attention, messieurs, si vous faites cas de la bénédiction d'un vieillard ; songez qu'il ne reste personne en-bas pour tenir les guides ; songez à l'Oreille du Chat ; n'oubliez pas la Corne de la Vache.

— Oui ! oui ! s'écria Oldbuck, prenez bien garde ! Quoi ! c'est mon cygne noir, *rara avis in terris*, le phénix des compagnons de voyage. Ayez bien soin de lui, Mucklebackit.

— J'en aurai autant de soin que si c'était une pipe de vieille eau-de-vie, répondit le vieux contrebandier, et c'est tout ce que je puis faire de mieux. Allons, mes enfans, courage !

Dans le fait, Lovel courut sur le fauteuil beaucoup plus de dangers qu'aucun de ceux qui l'y avaient précédé. Il n'était pas assez lourd pour que son poids opposât aux vents une résistance suffisante, et il était suspendu comme un pendule, poussé de côté et d'autre, au risque d'être écrasé contre les rochers ; mais il était jeune, intrépide, actif, et avec l'aide du bâton ferré du mendiant, que celui-ci lui avait laissé avec quelques instructions sur l'usage qu'il devait en faire, il réussit à se garantir de tout choc contre le rocher et contre les pointes plus dangereuses encore qui en hérissaient la surface. Secoué dans l'espace comme une plume légère, ayant à chaque instant à craindre pour sa vie, et éprouvant un mouvement capable de causer un étourdissement, il conserva cependant sa présence d'esprit et sa fermeté ; et ce ne fut que lorsqu'il se trouva au haut du rocher, que ses sens l'abandonnèrent un instant. Dès qu'il revint de cette demi-faiblesse, il jeta les yeux autour de lui ; mais l'objet que cherchait son regard disparaissait déjà, et l'on ne pouvait plus distinguer que la robe blanche d'Isabelle, sur le sentier par lequel on avait conduit son père. Elle avait attendu jusqu'à ce qu'elle eût vu le dernier de ses compagnons hors de danger, et que Mucklebackit l'eût assurée, dans son langage grossier, — que le jeune gars n'avait pas les os brisés, et qu'il n'était qu'un peu étourdi du voyage. Mais Lovel ne savait même pas qu'elle eût exprimé pour lui le degré d'intérêt qu'il aurait acheté par des périls encore plus grands que ceux auxquels il s'était exposé cette soirée ; ce n'était pourtant que ce qu'elle devait bien légitimement à un étranger qui l'avait secourue, au risque de sa vie, dans un si grand péril. Avant de partir, elle avait recommandé au mendiant de se rendre sur-le-champ à Knockwinnock ; et, comme il s'en était excusé, elle lui avait dit de ne pas manquer d'y venir le lendemain, et le vieillard le lui avait promis.

Oldbuck lui mit alors quelque chose dans la main. Ochiltrie y jeta les yeux à la lueur des torches, et le lui rendit aussitôt. — Non, Monkbarns, non, dit-il ; jamais l'or ne passe par mes mains. D'ailleurs, vous le regretteriez peut-être demain. Eh bien ! messieurs, ajouta-t-il en se tournant vers le groupe de pêcheurs et de paysans qui couvraient le rocher, qui de vous me donnera ce soir à souper, et une botte de cosses de pois pour dormir ?

— Moi ! — moi ! — moi ! — moi ! s'écrièrent plusieurs voix en même temps.

— Je suis content de vous voir dans de si bonnes dispositions ; mais, comme je ne puis coucher que dans une grange à la fois, je m'en irai avec Saunders Mucklebackit. On trouve toujours chez lui quelque chose qui vous réchauffe le cœur. D'ailleurs, mes enfans, je vivrai peut-être encore assez long-temps pour vous rappeler que vous m'avez promis un gîte et une charité. Et à ces mots il s'en alla avec le pêcheur.

Oldbuck saisit fortement le bras de Lovel. — Du diable si je vous laisse aller ce soir à Fairport, jeune homme : il faut que vous reveniez avec moi à Monkbarns. Vous vous êtes conduit en héros, en vrai Wallace, à tous égards. Allons, mon brave jeune homme, prenez mon bras. Je ne suis qu'un pauvre soutien par un tel vent, mais voilà Caxon qui me prêtera son aide. Allons, vieil idiot, venez à côté de moi. Mais comment diable êtes-vous descendu de cet infernal Tablier de Bessy ? Bessy ! sans doute quelque diablesse qui a déployé cette vile bannière de son maudit sexe, pour causer la ruine du nôtre, comme font toutes ces femelles.

— Je suis habitué à gravir les rochers, et j'ai vu des chasseurs passer dans le même endroit.

— Mais, au nom du ciel, comment avez-vous découvert le danger que couraient l'impétueux baronnet et sa fille plus intéressante ?

— Je les ai vus du haut du rocher.

— Du haut du rocher ! Hum ! et de quel diable étiez-vous possédé pour être là ? *Dumosâ pendere procul de rupe* (1). *Dumosâ* n'est pourtant pas l'épithète convenable, car la roche est diablement nue. Mais enfin quel motif vous avait conduit sur ce rocher ?

— J'aime à voir s'amonceler les nuages précurseurs d'une tempête, et pour emprunter votre langage classique, M. Oldbuck, *Suave mari magno*, etc. Mais voici le

---

(1) Se suspendre à l'extrême cime d'une roche *boisée*. — Éd.

chemin qui conduit à Fairport, et il faut que je vous quitte.

— Point d'un pas, point d'un pied, d'un pouce, d'un *shathmont*, puis-je dire; mot, soit dit en passant, dont le sens a embarrassé plus d'un soi-disant antiquaire. Moi je soutiens qu'au lieu de la longueur d'un *shathmont* nous devons lire la longueur d'un saumon. Vous savez que l'espace accordé par les statuts pour le passage du saumon à travers une écluse est exactement celui de la longueur d'un saumon parvenu à toute sa grosseur. Or j'ai le projet de prouver que, de même qu'on a eu recours aux objets terrestres pour déterminer une mesure sous les eaux, l'on doit supposer que les productions des eaux ont servi de base pour établir des mesures sur la terre. — *Shathmont*, *saumon*, vous voyez l'alliance intime de ces deux sons. Il ne s'agit que de retrancher quelques lettres, d'en ajouter une autre, et plût au ciel que jamais antiquaire n'eût demandé de concessions plus importantes pour former ses dérivés.

— Mais, mon cher monsieur, il faut que je rentre chez moi. Je suis percé jusqu'aux os.

— Vous aurez du linge, des pantoufles, ma robe de chambre; et vous gagnerez la fièvre des antiquaires, comme on gagne la peste en portant des vêtemens infectés. Je sais ce qui vous arrête, vous craignez de mettre en frais le vieux célibataire; mais n'avons-nous pas les restes de ce glorieux pâté de poulets, qui, *meo arbitrio* (1), est encore meilleur froid que chaud? et cette bouteille de vieux porto dont ce vieux fou de baronnet, à qui je ne puis pardonner encore, puisqu'il a évité de

(1) Selon moi. — Tr.

se briser les os, n'avait bu qu'un seul verre, quand il a eu la sottise de prendre la mouche à propos de Gamelyn de Guardover.

Tout en parlant ainsi il entraîna Lovel, et ils arrivèrent bientôt à Monkbarns par la porte du Pèlerin. Jamais peut-être elle ne s'était ouverte pour deux piétons ayant si grand besoin de repos, car Oldbuck n'était nullement accoutumé à la fatigue, et son compagnon, quoique plus robuste, avait éprouvé ce soir une agitation d'esprit qui l'avait épuisé plus que tout le travail de corps auquel il s'était livré.

CHAPITRE IX.

» Vous avez du courage ? oh ! vous pouvez rester,
» Et mon appartement pourra vous contenter.
» Des spectres paraîtront ? vous saurez les combattre ;
» De leurs chaînes le bruit ne pourra vous abattre.
» Vous leur demanderez, sans trouble et sans effroi,
» Ce qu'ils veulent de vous, quel est leur nom, pourquoi
» Ils viennent, sans raison, troubler cette demeure.
» A votre lit on va mettre des draps sur l'heure. »

Histoire véritable.

Ils entrèrent dans la salle où ils avaient dîné, et miss Oldbuck poussa des cris de joie en les voyant arriver.

— Et où est la plus jeune femelle? demanda l'antiquaire.

— Vraiment, mon frère, au milieu de toute cette équipée, miss Maria n'a pas voulu se laisser guider par moi. Il a fallu qu'elle courût à Halket-Head. Je suis surprise que vous ne l'y ayez pas vue.

— Quoi! comment! que dites-vous donc? par une

nuit semblable, elle serait allée à Halket-Head! juste ciel! Tous les malheurs de cette nuit ne sont donc pas encore finis!

— Mais, vous ne m'écoutez pas jusqu'au bout, mon frère : vous avez le ton si impératif et si impatient!

— Trêve de bavardage, s'écria l'antiquaire hors de lui, dites-moi sur-le-champ si vous savez où est ma pauvre Marie?

— Elle est où vous devriez être vous-même, mon frère, là-haut, chaudement dans son lit.

— J'aurais dû m'en douter, dit Oldbuck en riant, mais évidemment soulagé d'un grand poids; j'aurais dû m'en douter. La petite femelle ne s'inquiétait guère que nous fussions tous noyés. Pourquoi me disiez-vous qu'elle était allée à Halket-Head?

— Si vous vouliez m'écouter, vous sauriez tout. Elle y a été, et elle en est revenue avec le jardinier, aussitôt qu'elle a vu qu'il n'était arrivé malheur à personne, et que miss Wardour était montée en voiture. Il y a un quart d'heure qu'elle est rentrée, car il est à présent près de dix heures. Comme elle était mouillée, la pauvre créature! aussi lui ai-je fait boire un verre de vin de Sherry (1) dans de l'eau de gruau.

— Fort bien, Grizzy, fort bien. On peut s'en rapporter à vous autres femmes pour vous choyer les unes les autres. Mais écoutez-moi, ma vénérable sœur. Que ce mot de vénérable ne vous fasse pas secouer l'oreille; il ne s'applique pas seulement à l'âge, mais à bien d'autres qualités estimables, et pourtant l'âge est honorable par lui-même, quoique ce soit la dernière chose

(1) Vin de Xerès. — Tr.

pour laquelle vous autres femelles vous aimez à vous voir honorées. Mais faites attention à mes paroles, et qu'on nous serve à l'instant les précieux restes de notre pâté de poulets et de ma bouteille de vieux porto.

— Le pâté! le porto! Eh, mon Dieu! mon frère, il ne restait que quelques os, un fond de bouteille.

Le front de l'antiquaire se couvrit d'un nuage; mais il avait trop de savoir-vivre pour montrer, en présence d'un étranger, le mécontentement qu'il éprouvait en apprenant que le souper sur lequel il avait compté avait disparu. Sa sœur entendit pourtant fort bien le langage de ses yeux.

— Eh, mon Dieu! mon frère, pourquoi faire tant de bruit pour si peu de chose?

— Du bruit, Grizzy! je n'ai pas dit un mot.

— Mais enfin à quoi bon montrer tant d'humeur et de mécontentement pour quelques os décharnés? Si vous voulez savoir la vérité, je vous dirai que le ministre est venu, ce digne homme! bien inquiet sur votre situation *précairière*, comme il dit, car vous savez comme il a toujours des termes choisis; et il a voulu rester ici jusqu'à ce qu'il sût s'il n'était arrivé aucun accident à personne. Il m'a dit de bien belles choses sur le devoir de la résignation à la volonté de la Providence, le digne homme! certainement il m'en a dit.

— Et je m'imagine qu'il se mettait peu en peine, le digne homme! dit Oldbuck en contrefaisant le ton de sa sœur, que le domaine de Monkbarns tombât en quenouille un peu plus tôt ou un peu plus tard, et que c'est pendant qu'il s'occupait à vous prodiguer des consolations chrétiennes, et à vous fortifier contre un malheur qui n'était pas encore arrivé, que mon pâté et mon vieux porto ont disparu.

— Mon cher frère, comment pouvez-vous penser à de telles bagatelles, après avoir échappé ce soir à de tels dangers?

— Plût à Dieu, Grizzy, que mon souper eût échappé de même au gosier du ministre! Il n'en reste rien, je suppose?

— Mais vous parlez, mon frère, comme s'il n'existait dans la maison que ce malheureux reste de pâté. Est-ce que vous auriez voulu que je n'offrisse pas quelques légers rafraîchissemens à ce digne homme qui s'était donné la peine de venir du presbytère ici?

Oldbuck, sans rien répondre, siffla le commencement d'une vieille ballade écossaise, et fredonna les derniers vers.

« Ii avala mon pouding et mon vin :
» J'étais absent, bonheur extrême !
» Car il semblait avoir tellement faim
» Qu'il m'aurait avalé moi-même. »

Sa sœur se hâta de mettre fin à ses murmures en servant quelques autres restes du dîner; Oldbuck parla d'une autre bouteille de vin, mais il recommanda de préférence un verre d'eau-de-vie, et elle était véritablement excellente. Comme aucune prière ne put décider Lovel à mettre le bonnet de velours et la robe de chambre à grands ramages de son hôte, l'antiquaire, qui avait des prétentions à quelques connaissances dans l'art médical, insista pour qu'il se couchât de bonne heure, et promit d'envoyer le lendemain à la pointe du jour un exprès à Fairport, l'infatigable Caxon, pour lui rapporter d'autres vêtemens.

Ce fut le premier mot qui put donner à penser à miss Oldbuck que le jeune étranger devait passer la nuit à Monkbarns, et la surprise qu'elle éprouva d'un événement si peu commun fut telle que, sans le poids extraordinaire du bonnet qu'elle portait, et dont nous avons déjà fait la description, ses cheveux gris, en se dressant sur sa tête, l'auraient précipité par terre.

— Que le ciel nous protège! s'écria-t-elle d'un ton d'étonnement.

— Qu'avez-vous donc, Grizzy?

— Je voudrais vous dire un mot, mon frère.

— Un mot? Je n'ai besoin que de mon lit, et faites-en aussi préparer un bien vite pour mon jeune ami.

— Un lit! Que le ciel nous protège! s'écria de nouveau miss Griselda.

— Eh bien! qu'avez-vous donc? N'y a-t-il pas assez de lits et de chambres dans la maison? N'était-ce pas autrefois un *hospitium*, où je réponds qu'on faisait des lits tous les soirs pour une vingtaine de pèlerins?

— Qui peut savoir ce qui se passait alors, mon frère? Mais de nos jours..... un lit! Sans doute il n'en manque pas, ni de chambres non plus, mais vous savez comme moi combien il y a de temps que personne n'y a couché et qu'on n'a donné de l'air aux chambres. Si je l'avais prévu, miss Maria et moi nous aurions été coucher au presbytère, miss Beckie a toujours tant de plaisir à nous voir, de même que le ministre son frère; mais en ce moment, Dieu nous protège.....

— N'y a-t-il pas la chambre verte, Grizzy?

— Sans doute, et même elle est en bon ordre, quoique personne n'y ait couché depuis le docteur Heavystern. Mais.....

— Mais quoi?

— Mais quoi! vous devez savoir vous-même quelle nuit il y a passée; voudriez-vous que ce jeune homme en passât une semblable?

En entendant cette altercation, Lovel protesta qu'il préférait retourner à Fairport plutôt que de leur causer le moindre embarras; l'exercice lui serait utile; il connaissait parfaitement la route, l'orage n'était plus si violent; enfin il allégua toutes les excuses que la civilité put lui suggérer pour se dispenser de profiter d'une hospitalité qui paraissait plus gênante pour ses hôtes qu'il n'aurait pu se l'imaginer. Mais pendant ce temps, on entendait le sifflement des vents; la pluie battait avec force contre les fenêtres, et Oldbuck, qui savait combien son jeune ami avait essuyé de fatigues pendant la soirée, n'aurait jamais consenti à le laisser partir par un pareil temps, quand même il n'eût pas conçu pour lui une si vive affection. Mais indépendamment de ce motif, il était piqué d'honneur, et il voulait lui prouver qu'il ne vivait pas sous la domination du cotillon.

— Asseyez-vous, asseyez-vous, dit-il; si je vous laisse partir ainsi, je consens à ne jamais déboucher un flacon, et voici qu'il nous arrive une excellente bouteille..... une bouteille de double ale, qui ne ressemble en rien au misérable breuvage qu'on vend sous ce nom. Elle a été brassée à Monkbarns, faite avec l'orge produite par mes terres. John de Girnel n'a jamais eu meilleure liqueur à offrir au ménestrel ou au pèlerin qui lui apportait des nouvelles de la Palestine. Mais pour vous ôter toute envie de partir, je vous dirai que si vous ne couchez ici, votre renommée de vaillant chevalier est perdue à jamais. C'est une aventure que de coucher à Monkbarns dans la chambre verte. Ma sœur, veillez à ce qu'on prépare le lit. Et quoique l'aventurier hardi Heavystern ait souffert peines et douleurs dans cet appartement, ce n'est pas une raison pour qu'un jeune et galant chevalier comme vous, qui avez le double de sa taille, et qui n'avez pas la moitié de sa pesanteur, ne puissiez courir cette aventure, et peut-être avoir la gloire de rompre le charme.

— Quoi! revient-il des esprits dans cette chambre?

— Sans doute, sans doute. Il n'existe pas dans ce pays une maison dont la fondation remonte à une certaine antiquité, sans qu'il s'y trouve une chambre dont quelques esprits se soient mis en possession, et vous ne devez pas nous supposer moins favorisés que les autres. Il est vrai qu'ils commencent à passer de mode, mais j'ai vu le temps où, si vous aviez seulement paru douter de l'existence d'un esprit dans un vieux château, vous auriez couru le risque d'être métamorphosé vous-même en esprit, comme dit Hamlet. Oui, si vous aviez révoqué en doute la présence du capuchon-rouge dans le château de Glenstirym, le vieux sir Pierre Pepperbrand vous aurait fait tirer l'épée dans sa cour, et si vous n'aviez pas été le plus fort en escrime, il vous aurait cloué comme un crapaud sur son poteau seigneurial. J'ai couru moi-même de grands risques à cet égard, mais je me suis humilié, et j'ai fait mes excuses au capuchon-rouge; car, même dans ma jeunesse, je n'étais pas ami de la *monomachie* ou du duel, et je préférais à une rencontre avec sir Pierre une promenade avec son chapelain. Peu m'importe ce qu'on pense de ma valeur. Dieu merci, je suis vieux maintenant, et je puis me livrer à mon humeur sans être obligé d'en rendre compte l'épée à la main.

En ce moment miss Oldbuck rentra. — M. Lovel, dit-elle avec un air grave et composé, les draps sont mis à votre lit, la chambre est prête, et j'ai fait allumer du feu dans la cheminée. Ce n'est point à cause de l'embarras que..... au surplus, j'espère que vous y passerez une bonne nuit, mais.....

— Mais vous êtes bien résolue, Grizzy, de faire tout ce que vous pourrez pour l'en empêcher.

— Moi! mon frère; bien certainement je n'ai rien dit.

— Mais moi, ma chère miss Oldbuck, je vous serai fort obligé, si vous voulez bien m'expliquer le motif des inquiétudes que vous aviez pour moi.

— Mon frère ne se soucie pas de l'entendre. Cependant il sait aussi bien que moi que cette chambre est en mauvais renom. On n'a pas oublié que c'était là qu'était couché le vieux Rab Tull, le clerc de la ville, lorsqu'il eut cette vision merveilleuse relativement à notre grand procès avec les seigneurs féodaux de Mussel-Craig. Il nous avait déjà coûté bien de l'argent, M. Lovel; car il en fallait dans ce temps-là pour les procès, tout aussi-bien qu'aujourd'hui; et le Monkbarns d'alors, notre grand-père, M. Lovel, courait grand risque de perdre son affaire, faute d'une pièce. Monkbarns que voilà sait bien quelle était cette pièce, mais il n'y a pas de danger qu'il m'aide à finir mon récit. Au surplus c'était une pièce de grande importance, et faute de laquelle notre procès était à vau-l'eau. Eh bien! notre cause devait être jugée devant les quinze juges, comme on les appelle, en présence du vieux Rab Tull, le clerc de la ville; celui-ci vint pour faire une dernière recherche de cette pièce qui nous manquait, à l'instant où notre grand-père allait partir pour Dimbourg, de sorte qu'il n'y avait pas de temps à perdre en allées et en venues. C'était une espèce d'imbécile que ce Rab Tull, à ce que j'ai entendu dire; mais il était alors clerc de la ville à Fairport, et les Monkbarns l'employaient toujours dans leurs affaires litigieuses, pour se maintenir en bonne intelligence avec la ville. Vous entendez bien?

— Cela est abominable, Grizzy, s'écria M. Oldbuck; j'atteste le ciel que vous auriez eu le temps d'évoquer les esprits de tous les abbés de Trotcosey, à commencer par Waldimir, depuis que vous suez sang et eau pour en faire paraître un seul. Apprenez à être succincte dans vos narrations. Imitez le style concis du vieux Aubrey, le premier homme du monde pour voir des esprits, et dont les récits à ce sujet étaient toujours clairs et précis. *Exempli gratiâ :* « Un esprit apparut à Cirincester le 5 mars 1670. On lui demanda s'il était un bon ou un mauvais esprit. Il ne répondit rien, et disparut en faisant un certain bruit qui fut suivi d'un parfum singulier. » Voyez ses Mélanges, page 18, et, autant que je puis m'en souvenir, vers le milieu de la page (1).

— Croyez-vous donc, mon frère, que tout le monde soit aussi savant que vous dans les livres. Mais vous aimez à faire paraître les autres comme des ignorans,

---

(1) John Aubrey, antiquaire anglais, né en 1626 et mort en 1700. L'ouvrage dont il est ici question est intitulé en anglais *Miscellanies on apparitions magic*. — ÉD.

et c'est ce qui vous arrive toujours avec sir Arthur, et même avec le ministre.

— La nature a fait plus que moi dans ces deux exemples, Grizzy, ainsi que dans un troisième que je m'abstiendrai de citer. Mais buvez un verre d'ale, ma sœur, et continuez votre histoire, car il commence à être tard.

— Jenny bassine votre lit, mon frère, et il faut bien que vous attendiez qu'elle ait fini; ainsi donc j'en étais à la recherche que faisait notre grand-père Monkbarns, avec l'aide du vieux Rab Tull; mais ils ne furent jamais assez heureux pour trouver la pièce qui leur manquait. De sorte qu'après avoir fouillé dans je ne sais combien de sacs de cuir pleins de papiers, on servit dans la soirée un bowl de punch au clerc de la ville pour faire passer la poussière qu'il avait avalée. Nous n'avons jamais été grands biberons dans notre famille, M. Lovel; mais le brave homme s'était tellement habitué à boire avec les baillis et les diacres, dans leurs assemblées, et ils en tenaient une presque tous les soirs, pour le bien général de la ville, qu'il ne pouvait dormir sans s'être rincé le gosier. Il but donc son bowl de punch, et il alla se coucher. Mais quel réveil il eut au milieu de la nuit! jamais il ne put en bien revenir, et il eut une attaque de paralysie quatre ans après, jour pour jour. Il lui sembla, M. Lovel, qu'il entendait tirer les rideaux de son lit. Il ouvrit les yeux, croyant, le pauvre homme, que ce pouvait être un chat; mais il vit..... Dieu me protège! car je ne puis raconter cette histoire sans frissonner, quoique je l'aie déjà racontée plus de vingt fois; il vit au clair de la lune un vieillard de bonne mine, debout près de son lit, vêtu d'une manière singulière, ayant à son habit force glands et boutons; et cette partie de ses vêtemens qu'il ne convient pas à une femme de nommer (1) était si ample, si large, et faisait tant de plis qu'on aurait pu le prendre pour un matelot d'Hambourg. Il avait une longue barbe, et des moustaches retroussées en l'air. Rab Tull avait donné dans le temps de bien plus longs détails, mais ils sont oubliés aujourd'hui, car c'est une vieille histoire. Eh bien, Rab Tull était un homme vivant bien, pour un clerc de province, de sorte qu'il fut moins effrayé qu'on ne pourrait le croire, et il demanda au spectre, au nom du ciel, ce qu'il voulait. L'esprit lui répondit dans une langue inconnue. Alors Rab Tull lui parla erse, car il était né dans les montagnes de Glenlivat; mais cela ne réussit point. Eh bien, il se rappela deux ou trois mots de latin dont il se servait pour rédiger les ordonnances de la ville, et il ne les eut pas plus tôt prononcés que l'esprit fit pleuvoir sur lui un tel déluge de latin, que le pauvre Rab Tull, qui n'était pas trop savant, en fut tout déconcerté. Cependant, comme il ne manquait pas de hardiesse, il se souvint du mot latin qui signifiait la pièce dont il avait besoin. C'était quelque chose comme une carte, je m'imagine, car l'esprit s'écria : oui, *carter, carter.*

— *Carta!* s'écria Oldbuck, *carta*, vous dis-je; pourquoi estropier ainsi les langues? Si mon ancêtre n'en avait pas appris d'autre dans l'autre monde, du moins, il ne pouvait y avoir oublié le latin, qui l'avait rendu célèbre dans celui-ci.

(1) La pudeur britannique recule en effet devant le simple mot de *culotte*, qu'on appelle fréquemment le vêtement nécessaire ou les inexprimables. Cette même pudeur va au théâtre entendre Othello traiter sa femme de *Strumpet*, etc. — Éd.

— *Carta*, si vous voulez, mon frère, mais ceux qui m'ont raconté cette histoire m'ont toujours dit *carter*. Eh bien, il cria donc : oui, *carta*, puisque *carta* vous plaît, et fit signe à Rab de le suivre. Rab avait le courage d'un vrai montagnard; il sauta à bas de son lit, mit à la hâte quelques vêtemens, et suivit l'esprit, tantôt montant, tantôt descendant, jusqu'à une espèce de petite tour qui était à une encognure de la vieille maison, et où il y avait un tas de caisses et de malles de rebut. Là l'esprit, lui donnant une paire de coups de pied, le poussa vers cette vieille armoire des Indes qui est maintenant dans le cabinet de mon frère, à côté de sa table, et disparut comme une bouffée de fumée de tabac, laissant Rab dans un état pitoyable.

— *Tenues secessit in auras*, dit Oldbuck, mais, morbleu ! *mansit odor* (1), car la pièce tant désirée se trouva dans un tiroir de cette armoire oubliée, avec beaucoup d'autres vieux papiers très-curieux qui sont maintenant mis en ordre et convenablement étiquetés, et qui paraissent avoir appartenu à un de mes ancêtres, premier propriétaire de Monkbarns. Ce titre, recouvré d'une manière si étrange, était la charte originaire d'érection de l'abbaye de Trotcosey, terres et dépendances, comprenant Monkbarns et autres domaines en seigneurie relevant du roi, en faveur du premier comte de Glengibber, favori de Jacques VI. Elle fut signée par ce monarque à Westminster le 17 janvier *anno Domini* 1612 ou 1613. Ce n'est pas la peine de vous dire les noms des témoins.

(1) *Tenues secessit in auras*, il s'évanouit dans l'air léger. *Mansit odor*, l'odeur resta. — Tr.

— J'aimerais mieux, dit Lovel dont la curiosité commençait à s'éveiller, savoir ce que vous pensez de la manière dont ce titre fut découvert.

— Si j'avais besoin d'une autorité pour ma légende, j'en trouverais une qui ne serait pas moindre que saint Augustin, car il nous raconte l'histoire d'un défunt qui apparut à son fils lorsque celui-ci était poursuivi en paiement d'une prétendue dette, pour lui apprendre où il en trouverait la quittance. Mais je pense plutôt avec lord Bacon que l'imagination a fait souvent de pareils miracles. Il a toujours couru dans la famille un conte absurde que cette chambre était hantée par l'esprit d'Aldobrand Oldbuck mon grand-grand-grand-grand-père. C'est une honte pour la langue anglaise que nous n'ayons pas une manière moins ridicule d'exprimer le cinquième degré de parenté en ligne directe ascendante, tandis qu'il se présente si souvent des occasions d'y penser et d'en parler. Il était étranger, et n'avait pas renoncé au costume de son pays, dont la tradition avait conservé la description exacte. Il existe même son portrait gravé, dit-on, par Reginald Eldstracke, dans lequel il est représenté travaillant à la presse de ses propres mains, et tirant les feuilles de son édition, devenue si rare, de la Confession d'Augsbourg. Il était chimiste et mécanicien, et une seule de ces qualités suffisait alors dans ce pays pour faire supposer des connaissances surnaturelles. Le vieux Rab Tull, probablement superstitieux, avait entendu parler de tout cela, et dans son sommeil l'idée d'Aldobrand Oldbuck s'associa sans doute à celle de sa vieille armoire qu'on avait jetée sous le pigeonnier pour s'en débarrasser, preuve évidente du respect et de la reconnaissance que nous conservons souvent pour la mémoire de nos ancêtres et pour les antiquités. Ajoutez à cela un *quantùm sufficit* (1) d'exagération, et vous avez la clef de tout le mystère.

— Oh! mon frère, mon frère! mais le docteur Heavystern, dont le sommeil fut si désagréablement interrompu qu'il déclara qu'il ne passerait pas une autre nuit dans la chambre verte, dût-il devenir propriétaire de Monkbarns; de manière que Maria et moi nous fûmes obligées de lui céder notre....

— Le docteur est un brave et honnête Allemand, ma sœur, plein de mérite dans son genre, mais il a le crâne épais, et il est entiché d'idées mystiques comme un grand nombre de ses concitoyens. Vous et lui vous aviez bavardé toute la soirée, et en échange de votre légende de la chambre verte il vous avait régalé des contes de Mesmer, de Cagliostro et des autres grands génies modernes qui prétendent avoir trouvé l'art d'évoquer les esprits, de découvrir les trésors cachés, et autres merveilles semblables. Et considérant que *l'illustrissimus* avait mangé à son souper une livre et demie de viande, fumé six pipes, et bu de l'ale et de l'eau-de-vie en proportion, je ne suis pas surpris qu'il ait eu pendant la nuit un accès de cauchemar. Mais tout est prêt maintenant, M. Lovel; permettez-moi de vous conduire à votre appartement. Je me flatte qu'Aldobrand connaît trop bien les devoirs de l'hospitalité pour troubler le repos que vous avez si bien mérité par votre bravoure et votre générosité.

A ces mots notre antiquaire prit un chandelier d'ar-

(1) Une quantité suffisante. — TR.

gent massif, d'une forme antique, dont le métal, dit-il à Lovel, provenait des mines de Hartz, et qui avait appartenu au personnage qui venait de faire le sujet de leur conversation. Il conduisit son hôte par maints détours et passages obscurs, tantôt montant, tantôt descendant, et il l'introduisit enfin dans la chambre qui lui était destinée.

CHAPITRE X.

> « Quand sur un ciel d'airain que nul astre n'éclaire
> » Minuit a déployé son crêpe funéraire ;
> » Que sortant du tombeau des spectres tout sanglans
> » Viennent dans leur sommeil effrayer les vivans :
> » Les esprits, les lutins, les revenans, les ombres.
> » Ne m'environnent pas de leurs prestiges sombres
> » Mais bien plus tristement mon sommeil suspendu
> » Me rend le souvenir du bien que j'ai perdu. »
>
> W. R. Spencer.

En entrant dans la chambre verte, comme on l'appelait, Oldbuck plaça la chandelle sur la toilette devant un grand miroir encadré de bois noir et entouré de boîtes de même couleur, puis il jeta les yeux autour de lui d'un air qui annonçait quelque trouble.

— Je viens rarement dans cet appartement, dit-il, et jamais je n'y entre sans me livrer à une espèce de mélancolie qui, soyez-en bien sûr, ne puise pas sa source dans la ridicule histoire que Grizzy vient de vous conter, mais dans des circonstances relatives à un attachement de ma première jeunesse qui n'a pas été heureux. C'est dans de semblables momens, M. Lovel, que nous sentons combien les temps sont changés. Les mêmes objets sont sous nos yeux; ces mêmes choses inanimées que nous avons vues dans notre enfance légère et volage, dans notre jeunesse vive et impétueuse, dans la maturité de l'âge livrée aux projets et à l'ambition, elles sont permanentes, elles restent les mêmes; mais quand nous les regardons avec le sang-froid et l'insensibilité de la vieillesse, à une époque où notre caractère, nos goûts, nos sentimens, nos forces, nos traits, ont subi un changement complet, pouvons-nous dire que nous sommes encore les mêmes? En portant les yeux en arrière, en cherchant avec une sorte de surprise ce que nous étions autrefois, ne devons-nous pas nous regarder comme formant aujourd'hui un être entièrement distinct de ce que nous étions alors? Le philosophe qui en appelait de Philippe pris de vin à Philippe à jeun, ne choisissait pas un juge aussi différent que s'il en eût appelé de Philippe jeune encore à Philippe dans sa vieillesse. Je ne puis jamais me rappeler sans attendrissement le sentiment si bien exprimé dans un poëme que j'ai souvent entendu répéter (1).

« Pourquoi mes yeux versent-ils tant de larmes ?
» Pourquoi, sans nul motif, mes sens sont-ils émus ?
» Je crois entendre encor ces sons remplis de charmes
» Que j'entendais alors, que je n'entendrai plus.

» Tel est pourtant le sort de la vieillesse.
» Mais si de la prudence un conseil est suivi,
» Il faudra déplorer ce que le temps nous laisse,
» Au lieu de regretter ce qu'il nous a ravi.

(1) Probablement les ballades lyriques de Wordsworth n'avaient pas encore été publiées. (*Note de l'auteur anglais.*)

Au surplus le temps guérit toutes les blessures, et quoique la cicatrice reste, et cause parfois quelque douleur, elle n'est pas comparable à celle qu'on ressentit de la première atteinte.

A ces mots, il serra la main de Lovel, lui souhaita une bonne nuit, et se retira.

Lovel entendit le bruit toujours plus lointain des pas de son hôte dans les divers passages par lesquels ils étaient venus ensemble, et celui des portes qu'il fermait après lui. Bientôt succéda un profond silence; notre jeune homme, ainsi séparé du monde vivant, prit le chandelier en main et fit la revue de l'appartement. Un bon feu brillait dans la cheminée; miss Grizzy avait eu soin de placer dans un coin quelques morceaux de bois pour qu'il pût l'entretenir. Si la chambre n'était pas magnifiquement meublée, du moins il n'y manquait rien de ce qui pouvait être nécessaire. Les murs en étaient garnis d'une tapisserie que des artistes d'Arras avaient fabriquée dans le XVI° siècle, et que le savant typographe dont nous avons plus d'une fois parlé, avait apportée lors de son émigration, comme une preuve de la perfection à laquelle les arts étaient arrivés sur le continent. Elle représentait une chasse; et comme les arbres de la forêt formaient par leur feuillage la couleur dominante, cette circonstance avait fait donner à l'appartement le nom de chambre verte. Des personnages à mine refrognée, portant l'ancien costume flamand, des pourpoints à taillades couverts de rubans, des manteaux courts, et de larges hauts-de-chausse, étaient occupés à tenir en laisse des chiens de chasse de toute espèce, ou à les animer contre leur proie. D'autres, armés de pieux, d'épées et de fusils antiques, attaquaient des cerfs et des ours qu'ils avaient forcés. Les branches des arbres étaient chargées d'oiseaux de différentes espèces, tous portant le plumage qui leur appartenait. Il semblait que le génie et la veine poétique du vieux Chaucer eussent communiqué leur pouvoir créateur à l'artiste flamand. Aussi était-ce dans les œuvres de cet ancien poète qu'Oldbuck avait choisi des vers qu'il avait fait broder en caractères gothiques sur une bordure ajoutée à la tapisserie :

> « Du chêne et du tilleul voyez-vous jusqu'aux cieux
> » S'élever dans ce bois les troncs majestueux ?
> » Quel asile charmant ! sous l'ombre hospitalière
> » Croît un riant gazon qui tapisse la terre :
> » Par la main du printemps le plus humble arbrisseau
> » Vient d'être décoré d'un feuillage nouveau,
> » Et du soleil couchant la clarté vive et pure
> » D'une teinte de pourpre embellit la verdure. »

D'un autre côté on lisait les vers suivans, tirés aussi du même auteur :

> « On voit s'y promener le cerf et sa compagne ;
> » En folâtrant gaîment le faon les accompagne ;
> » Les daims et les chevreuils bondissent par troupeaux,
> » Maints écureuils légers, émules des oiseaux,
> » Sautent de branche en branche ou rongent les noisettes.

Les rideaux du lit étaient aussi une étoffe analogue d'un vert foncé, mais ternie par le temps. On voyait qu'on avait cherché à l'assortir à la tenture des murs, mais elle était évidemment l'ouvrage d'une main plus moderne et moins habile. De grandes chaises rembourrées, à dossier d'ébène, étaient couvertes d'une tapisserie de même espèce : et l'encadrement d'une grande glace, placée sur une cheminée antique, était du même bois que toute la garniture de la toilette.

— J'ai déjà entendu dire, pensa Lovel en examinant l'ameublement de cette chambre, que les esprits choisissent ordinairement le meilleur appartement de la maison qu'ils honorent de leur présence, et je ne puis blâmer le goût de l'imprimeur de la confession d'Augsbourg. Mais il trouva si difficile d'arrêter ses idées sur l'histoire qu'on venait de lui raconter, et qui semblait si bien assortie à la chambre dans laquelle il se trouvait, qu'il regretta presque de ne pouvoir éprouver cette espèce d'agitation produite en partie par la crainte et en partie par la curiosité, qui prête de l'intérêt à ces vieilles légendes où règnent le terrible et le merveilleux. Mais la passion sans espoir à laquelle son cœur était livré éloigna, par sa réalité, toutes les chimères de son imagination.

« Quel changement m'a fait éprouver la cruelle ?
» Depuis que je porte ses fers,
» Je me crois seul dans l'univers.
» Mon cœur devient-il donc insensible comme elle ? »

En vain il s'efforça de s'abandonner aux émotions qu'en tout autre instant sa situation aurait fait naître en lui : son cœur ne pouvait admettre qu'une seule idée, et le souvenir de miss Wardour déterminée à ne pas le reconnaître quand elle s'était trouvée forcée de souffrir sa société, et ayant montré ensuite le désir de l'éviter, l'occupait tout entier. A ce souvenir s'en joignaient d'autres qui ne l'agitaient pas moins, quoiqu'ils fussent moins pénibles, c'étaient le danger qu'elle venait de courir et le secours qu'il avait été assez heureux pour lui porter. Et cependant quelle avait été sa récompense? Sauvée en partie par ses soins, elle avait quitté le rocher avant de savoir s'il se sauverait lui-même, quand elle pouvait douter s'il ne perdait pas une vie hasardée pour elle avec tant de dévouement. La reconnaissance au moins exigeait qu'elle prît quelque intérêt à son sort. Mais non, elle ne pouvait être coupable ni d'ingratitude ni d'injustice; ces sentimens ne pouvaient entrer dans son cœur. Elle n'avait voulu que fermer la porte à l'espérance, et par compassion pour lui, éteindre une passion qu'elle ne pouvait payer de retour.

Ce dernier raisonnement, suggéré par l'amour, ne pouvait le rendre plus content de son sort, puisque plus son imagination lui peignait miss Wardour sous des traits aimables, plus il sentait qu'il lui serait pénible de renoncer à tout espoir. Il savait à la vérité qu'il pourrait faire disparaître ses préjugés sur certains points; mais, même dans cette extrémité, il résolut de s'en tenir à la détermination qu'il avait prise de s'assurer qu'elle désirait une explication, avant de se hasarder à lui en offrir une. D'ailleurs, en envisageant les choses sous un autre point de vue, il ne trouvait pas de raison pour désespérer encore. Lorsque Oldbuck l'avait présenté à miss Wardour, il avait aperçu dans ses regards autant d'embarras que de surprise; et l'un de ces deux sentimens n'était peut-être qu'un voile dont elle avait voulu se servir pour couvrir l'autre. Non, il n'abandonnerait pas des projets dont la poursuite lui avait déjà tant coûté. Des plans convenables au caractère romanesque qui les faisait éclore se succédaient rapidement les uns aux autres avec la même irrégularité que ces atomes qu'on voit se mouvoir lorsqu'un rayon du soleil traverse une chambre où il ne règne qu'un demi-jour. Ils continuèrent à se présenter à son esprit long-temps après qu'il se fut couché, et l'empêchèrent de goûter le repos dont il avait un si grand besoin. Enfin, fatigué des obstacles qu'offrait l'exécution de chaque projet qu'il méditait, il prit la résolution héroïque de faire un dernier effort pour chasser l'amour de son cœur, comme le lion secoue les gouttes de rosée tombées sur sa crinière (1), et de reprendre le cours des études qu'une tendresse non partagée avait depuis si long-temps interrompues. Il appela au secours de cette détermination tous les argumens que l'orgueil et la raison purent lui suggérer. — Elle ne pourra supposer, dit-il, que, me prévalant d'un service que le hasard a voulu que je lui rendisse ainsi qu'à son père, je prétende en profiter pour obtenir d'elle des sentimens dont, personnellement, elle ne m'a pas jugé digne. Je ne la verrai plus. Je retournerai dans un pays parmi les filles duquel on peut trouver sinon plus de charmes, du moins peut-être autant d'attraits et moins d'insensibilité qu'en miss Wardour. Demain je ferai mes adieux aux rivages du nord, et à celle dont la rigueur et la froideur ressemblent au climat qu'elle habite.

Quand Lovel se fut livré quelque temps à ces réflexions, la nature épuisée reprit ses droits; et malgré son dépit, ses doutes et ses inquiétudes, ses yeux se fermèrent peu à peu.

Après une agitation violente, il est rare qu'on jouisse d'un sommeil profond et paisible. Celui de Lovel fut troublé par mille visions confuses et sans suite. Il se

---

(1) *Like dew-drops from the lion's mane.* Expression de Shakspeare souvent citée en Angleterre. — Éᴅ.

crut tour à tour oiseau et poisson ; il volait comme l'un et nageait comme l'autre, facultés qui auraient été bien essentielles à sa sûreté quelques heures auparavant. Alors miss Wardour devenait une syrène ou un oiseau de Paradis, son père un triton ou un veau marin, et le vieil Oldbuck fut alternativement une tortue et un cormoran. Ces visions agréables étaient variées par tous les désordres qui accompagnent les rêves nés du délire de la fièvre. L'air refusait de le porter ; l'eau semblait tout à coup bouillante, et les vagues le jetaient contre des rochers qui devenaient doux comme de l'édredon. Tout ce qu'il entreprenait manquait d'une manière étrange et inattendue, et tout ce qui attirait son attention subissait soudain quelque métamorphose inconcevable et merveilleuse. Son ame sentait pourtant, jusqu'à un certain point, qu'elle était le jouet d'une illusion, et appelait inutilement à son secours le réveil pour s'en délivrer : symptômes que ne connaissent que trop ceux à qui rend des visites nocturnes cette affreuse sorcière que les savans nomment *éphialtes* (1). Enfin ces fantômes absurdes prirent une forme plus régulière, à moins que l'imagination de Lovel, et ce n'était pas la faculté de son esprit la moins brillante, ne se soit chargée insensiblement, peu à peu et sans s'en douter, à son réveil, de donner le coloris à une scène dont ses rêves n'avaient fait que tracer la première esquisse. Peut-être aussi son agitation aida-t-elle à la formation de la nouvelle vision dont nous allons parler.

Abandonnant cette discussion aux savans, nous dirons qu'après une longue suite d'images bizarres, notre

(1) Le cauchemar : voyez le *Smarra* de Charles Nodier. — Éd.

héros, car nous devons avouer que c'est lui que nous avons choisi pour l'être (1), se rappela où il était, et tout l'ameublement de la chambre verte se représenta à son imagination. Mais ici qu'il me soit permis de protester que s'il reste encore dans cette génération sceptique assez de la foi du bon vieux temps pour croire que ce qui va suivre fut une impression produite par les yeux plutôt que par l'imagination, nous n'entendons élever aucune objection contre cette opinion. Il était donc, ou il s'imaginait être éveillé, couché dans la chambre verte, et regardant brûler dans la cheminée quelques restes de fagots qui, s'enflammant de temps en temps, répandaient une clarté passagère dans tout l'appartement. Insensiblement la légende d'Aldobrand Oldenbuck, et les visites mystérieuses qu'il avait rendues à ceux qui avaient passé la nuit dans cette chambre, se représenta à son esprit; et, comme il arrive souvent dans les rêves, il éprouva cette sorte d'attente inquiète qui manque rarement de faire apparaître l'objet que nous craignons le plus d'apercevoir. Tout à coup une lumière plus vive et plus durable jaillit de la cheminée et éclaira toute la chambre. La tapisserie qui en garnissait les murailles devint animée, et les figures qui s'y trouvaient reçurent la vie et le mouvement. Les chasseurs sonnèrent du cor ; le chef prit la fuite, le sanglier se retourna pour se défendre, les chiens poursuivirent l'un et attaquèrent l'autre; les cris des bêtes fauves se mêlèrent aux aboiemens des chiens et aux hennissemens des chevaux. Chaque groupe poursuivait avec toute l'ardeur que donne la chasse l'occupation dans laquelle l'artiste l'a-

(1) L'auteur oublie qu'il a appelé déjà l'*antiquaire* son héros.
ÉD.

vait représenté. Lovel regardait ce spectacle étrange sans étonnement, sentiment qui se glisse rarement dans nos rêves, mais avec une sensation de crainte et d'inquiétude. Tandis qu'il regardait attentivement les chasseurs, un d'entre eux sembla se détacher de la tapisserie et s'avancer vers son lit; mais à mesure qu'il approchait il subissait une métamorphose. Son cor de chasse devint un gros volume fermé par des agrafes de cuivre; et son chapeau de chasseur un bonnet fourré semblable à ceux que portent les bourgmestres de Rembrand; il conserva son costume flamand, mais ses traits, au lieu d'être animés de toute l'ardeur de la chasse, prirent un air calme et imposant qui semblait convenir au premier propriétaire de Monkbarns, d'après le portrait que son descendant en avait fait à Lovel dans le cours de la soirée précédente. Pendant que cette métamorphose s'effectuait, l'agitation des autres personnages de la tapisserie disparut aux regards de Lovel, qui n'avait plus d'yeux que pour l'être qui continuait à s'avancer vers lui. Il s'efforça de l'interroger en prononçant la formule d'exorcisme convenable en pareille occasion, mais sa langue, comme il arrive dans les rêves effrayans, lui refusa son service, et resta collée à son palais comme frappée de paralysie. Aldobrand leva le doigt pour imposer silence à l'intrus qui se trouvait dans son appartement, et se mit à ouvrir le livre vénérable qu'il tenait de la main gauche. Dès qu'il l'eut ouvert il le feuilleta quelques instans, et le tournant ensuite du côté de Lovel il lui en montra du doigt un passage. Quoique ce livre fût écrit dans une langue que celui-ci ne connaissait point, son attention fut tellement excitée par la ligne que ce personnage mystérieux semblait lui montrer ainsi, et dont les mots paraissaient briller d'un éclat surnaturel, qu'elle se grava dans sa mémoire. Aldobrand ferma son volume, et au même instant les sons d'une musique délicieuse se firent entendre dans l'appartement. Lovel tressaillit, et s'éveilla complètement ; cependant la musique continuait, et il reconnut distinctement un ancien air écossais.

Lovel se mit sur son séant, et s'efforça de chasser de son cerveau les fantômes qui l'avaient agité pendant cette nuit fatigante. Les premiers rayons du soleil levant pénétraient à travers les volets à demi-fermés, et répandaient une lumière distincte dans tout l'appartement. Il jeta les yeux sur la tapisserie, mais les groupes de chasseurs étaient aussi immobiles que pouvaient les rendre les clous qui les attachaient à la muraille, si ce n'est une légère agitation que leur communiquait l'air du matin en se frayant une voie à travers la croisée entr'ouverte. Lovel sauta à bas de son lit, et, s'enveloppant d'une robe de chambre qu'on avait eu la précaution de lui préparer, courut à la fenêtre qui donnait sur la mer ; les vagues mugissantes se ressentaient encore de la tempête qui les avait soulevées la veille, quoique la matinée fût belle et l'air serein. Une tour s'avançait à un angle du bâtiment non loin de la chambre qu'occupait Lovel ; la fenêtre en était à demi-ouverte, et il en entendit sortir les mêmes sons de musique qui avaient probablement interrompu son rêve. Mais le prestige, en se dissipant, leur avait ôté la moitié de leurs charmes : ce n'était plus qu'un air passablement exécuté sur le clavecin. Tels sont les caprices de l'imagination en jugeant les beaux-arts. Une voix de femme chantait, avec quelque goût et avec beaucoup de simplicité, les paroles suivantes qui semblaient tenir le milieu entre un hymne et une ballade.

> « Toi que je vois assis près de ces murs détruits ;
> » Dis-moi, qu'y cherches-tu, vieillard à cheveux gris ?
> » Y viens-tu méditer sur leur splendeur passée,
> » Réfléchir tristement sur leur gloire éclipsée ?
>
> » Une imposante voix répond : tu me connais,
> » Puisque tu méprisas si souvent mes bienfaits.
> « C'est moi que tour à tour ta coupable inconstance
> » Désire, appelle, craint, néglige, implore, offense.
>
> » Comme un chaume léger dispersé par le vent,
> » Tout mortel disparaît sous mon souffle puissant.
> » Les empires par moi s'élèvent et fleurissent,
> » Je n'ai qu'à me montrer pour qu'ils s'anéantissent.
>
> » Profite des instans, le nombre en est compté,
> » Vois ce sable tomber avec rapidité.
> » Sans crainte et sans désir attends et persévère,
> » Le bonheur et l'amour fermeront ta paupière. »

Lovel était retourné dans son lit, et ce fut de là qu'il entendit chanter ces vers. Ils éveillèrent dans son esprit de nouvelles idées, il se plut à les accueillir, et ajournant la tâche difficile de prendre un parti définitif sur la conduite qu'il tiendrait, il s'abandonna à une sorte de langueur produite par l'air qu'il venait d'entendre, et s'endormit d'un sommeil si profond qu'il ne s'éveilla qu'assez tard dans la matinée, lorsque le vieux Caxon entra doucement dans son appartement pour y remplir les fonctions de valet de chambre.

— J'ai brossé votre habit, monsieur, dit le vieux barbier dès qu'il vit Lovel éveillé : j'ai été le chercher de grand matin à Fairport, car celui que vous aviez hier n'est pas encore bien sec, quoiqu'il ait été étendu toute la nuit devant la cheminée de la cuisine. J'ai nettoyé vos souliers. Je me doute bien que vous n'aurez pas besoin de moi pour vos cheveux, d'après la manière dont les jeunes gens les portent aujourd'hui. (Et à ces mots il ne put retenir un soupir.) Mais j'ai apporté mon fer à friser, et si vous le permettez, je vous les arrangerai avant que vous n'alliez joindre les dames.

Lovel, qui était alors sur ses jambes, le remercia de ses offres de service, mais il accompagna son refus d'une gratification qui en adoucit complètement l'amertume.

— C'est bien dommage qu'il ne fasse pas nouer et poudrer ses cheveux, dit le vieux Caxon en entrant dans la cuisine, où il trouvait toujours quelque prétexte pour passer les trois quarts du temps où il n'avait rien à faire, c'est-à-dire toute sa journée ; c'est véritablement dommage, car c'est un jeune homme d'une figure bien avenante.

— Taisez-vous, vieux fou, dit Jenny Rintherout, voudriez-vous frotter ses beaux cheveux bruns avec votre vilaine pommade, et y jeter de la farine comme sur la perruque du vieux ministre ? Mais vous n'oubliez pas votre déjeuner, sans doute ? Tenez voilà un morceau de pouding à la farine d'orge et une jatte de lait caillé ; avalez, cela vaudra mieux que de vous mêler de toucher à la tête de M. Lovel : vous gâteriez la plus belle chevelure qui soit dans tout Fairport, dans tout le comté oserais-je dire.

Le pauvre barbier soupira en voyant dans quel mépris son art était tombé ; mais Jenny était un personnage trop important pour qu'il osât la contredire : s'asseyant donc à un coin de la table, il avala son affront avec le déjeuner qui lui avait été offert.

CHAPITRE XI.

―――

« Il demandait parfois si cette vision
» Avait pour fondement l'imagination ;
» S'il ne devait y voir qu'un songe, un vain prestige,
» Ou si pour lui le ciel avait fait un prodige. »

Nous allons maintenant prier nos lecteurs de se transporter dans la salle où déjeunait M. Oldbuck, qui, méprisant l'usage moderne de prendre du thé ou du café, faisait un déjeuner substantiel, *more majorum*, avec du bœuf froid, et un verre de *mum*, espèce de bière faite de froment et d'herbes amères, dont la génération actuelle ne connaît plus que le nom; encore s'est-il conservé, parce que dans différens actes du parlement il se trouve accolé au cidre, au poiré, et à d'autres boissons assujetties à des droits. Lovel, qui se laissa aller à goûter ce breuvage, eut peine à s'empêcher de le déclarer détestable. Il se retint pourtant, car il vit que ce serait offenser grièvement son hôte, qui lui dit qu'il le faisait préparer tous les ans avec un soin particulier, suivant la recette qu'il avait trouvée dans les papiers d'Aldobrand Oldenbuck. Les dames eurent l'attention d'offrir à notre héros un déjeuner plus conforme au goût moderne; et tandis qu'il y faisait honneur, il fut assailli de questions indirectes sur la manière dont il avait passé la nuit.

— Ce n'est pas un compliment à faire à M. Lovel, mon frère, mais certainement il n'a pas bonne mine ce matin. Il est pâle comme un mort, et quand il est arrivé ici il était vermeil comme une rose; mais il ne voudra sûrement pas convenir que son sommeil a été troublé.

— Faites attention, ma sœur, que cette rose a été pendant la soirée d'hier secouée par le vent, et arrosée par l'eau de la mer, comme si c'eût été une herbe marine. Comment diable voudriez-vous qu'elle eût conservé sa couleur?

— Il est certain, dit Lovel, que j'éprouve encore un reste de fatigue, quoique votre obligeante hospitalité ne m'ait rien laissé à désirer.

— Ah! monsieur, dit miss Oldbuck en le regardant avec un sourire malin, ou qui du moins voulait le paraître, c'est votre politesse qui vous empêche de convenir que votre sommeil ait été troublé cette nuit.

— Réellement, mademoiselle, il n'a éprouvé aucune interruption, car je ne puis donner ce nom à la musique dont quelque aimable fée a daigné me favoriser.

— Je me doutais bien que Maria vous aurait éveillé avec ses glapissemens. Elle ne savait pas que j'avais laissé la fenêtre de votre chambre entr'ouverte, car, pour ne point parler de l'esprit, il fume toujours dans la chambre verte quand il fait de grands vents. Mais je suis sûre que vous avez entendu autre chose que les roucoulemens de ma nièce. Eh bien! il faut en convenir, les hommes ont de la tête, ils savent résister à certaines choses....... Quant à moi, s'il m'était arrivé quelque événement de cette nature, c'est-à-dire contre l'ordre de la nature, je suis sûre que j'aurais crié à éveiller toute la maison, quoi qu'il eût pu en arriver, et j'ose dire que le ministre en aurait fait autant, comme je le lui ai dit à lui-même. Je ne connais que mon frère et vous, M. Lovel, qui ayez une telle force d'esprit.

— Un homme aussi instruit que M. Oldbuck, mademoiselle, n'aurait pas été exposé au même inconvénient que le clerc de la ville de Fairport dont vous nous parliez hier soir.

— Ah! ah! vous savez maintenant où gît le lièvre : la difficulté de comprendre la langue que parle l'esprit. Mais mon frère connaît une manière de renvoyer les esprits par-delà le Jourdain, si ce n'était qu'on ne voudrait manquer d'honnêteté envers personne, pas même envers un esprit. Cependant, mon frère, j'essaierai cette recette que vous m'avez montrée dans un livre, si jamais quelqu'un couche encore dans cette chambre : et pourtant, par charité chrétienne, il vaudrait mieux faire arranger la salle au rez-de-chaussée. Il est bien vrai qu'elle est humide et obscure; mais nous avons si rarement l'occasion d'offrir un lit à quelqu'un.

— Non, non, ma sœur, les ténèbres et l'humidité sont plus dangereuses que les esprits : le nôtre d'ailleurs est un esprit de lumière. Cependant je ne serais pas fâché que vous fissiez l'épreuve du charme.

L'ANTIQUAIRE. 163

— Je le ferais bien volontiers, mon frère, si j'avais les ingrédiens nécessaires, comme les appelle mon livre de cuisine. Voyons ! il faut d'abord de la verveine et du *dill* (1) : — je m'en souviens; — Davie Dibble connaît ces plantes, quoiqu'il leur donnera peut-être des noms latins. — Puis de l'anis, je crois ; nous n'en manquons pas, et...

— De l'hypéricon, folle que vous êtes, cria Oldbuck d'une voix de tonnerre. Croyez-vous faire un haggis (2) ? Parce qu'un esprit est une substance aérienne, supposez-vous qu'on puisse le chasser par une recette contre les vents ? Cette prudente sœur Grizzy, M. Lovel, se rappelle, et vous voyez avec quelle exactitude, un charme dont je lui ai parlé une fois; et, comme ce sujet tient à ses folies superstitieuses, elle s'en souvient mieux que de mille choses utiles que je puis lui avoir dites depuis dix ans. Mais plus d'une vieille fille, sans la compter.....

— Vieille fille! mon frère, s'écria miss Oldbuck, s'élevant un peu au-dessus du ton de soumission qui lui était ordinaire. Réellement vous êtes moins que civil à mon égard.

— Rien moins que juste, Grizzy. Au surplus, j'enferme dans la même liste force noms bien ronflans, depuis Samblicus jusqu'à Aubrey, qui ont perdu leur temps à nous donner des remèdes imaginaires contre des maux qui n'existaient point. Mais j'espère, mon jeune ami, que, soit qu'il existe ou non un esprit dans la chambre verte, soit que vous soyez armé de toute la

(1) Espèce de fenouil. — Éd.
(2) Espèce de pouding écossais. Voyez la note de *Waverley*, tom. 3, pag. 3. — Éd.

puissance de l'hypéricon, du dill et de la verveine, qui met une sorcière en peine, ou que vous soyez livré sans défense aux attaques du monde invisible, vous donnerez une autre nuit aux terreurs de ce formidable appartement, et un autre jour à vos sincères et fidèles amis.

— Je le voudrais de tout mon cœur, mais...

— Point de mais : c'est un mot avec lequel je suis en guerre.

— Je vous suis très-obligé, mon cher monsieur, mais...

— L'y voilà! encore un *mais!* je vous dis que je déteste les *mais*. Jamais cette expression ne peut paraître sous un jour agréable, à moins qu'il ne s'agisse d'un *mai* de cocagne. *Mais* est pour moi une combinaison de lettres plus détestable que *non* même. *Non* est un gaillard franc et déterminé, qui vous dit sans détour ce qu'il pense : *Mais* est un drôle qui biaise, qui cherche des subterfuges, un sournois qui vous fait sauter le verre de la main à l'instant où vous le portez à la bouche.

« Un *mais* gâte toujours ce qui l'a précédé.
» Fi de *mais?* ce n'est rien qu'un geôlier haïssable
» Conduisant au gibet quelque obscur misérable. »

— Eh bien! répondit Lovel, qui dans le fait n'avait encore rien de bien arrêté sur la marche qu'il suivrait, je ne veux pas que vous puissiez allier le souvenir de mon nom avec celui d'une conjonction qui vous est si désagréable. Je crains d'être bientôt obligé de quitter Fairport; et, puisque vous êtes assez bon pour le désirer, je saisirai volontiers cette occasion de passer encore une journée avec vous.

— Et cette journée ne sera pas perdue pour vous, mon jeune ami. D'abord je vous ferai voir le tombeau de John de Girnell. Ensuite, tout en nous promenant sur les sables, bien entendu en choisissant une heure à laquelle nous n'aurons rien à craindre de la marée, car il ne faut pas faire une suite aux aventures de Pierre Wilkins (1), nous irons jusqu'au château de Knockwinnock, nous informer de la santé du vieux baronnet et de ma belle ennemie. Ce ne sera qu'un acte de civilité; après quoi...

— Pardon, mon cher monsieur, mais ne feriez-vous pas mieux d'ajourner cette visite à demain? Vous savez que je suis étranger dans ce pays.

— Vous n'en êtes que plus tenu à faire un acte de politesse à ce qu'il me semble. Mais je vous demande pardon d'employer un terme dont un antiquaire seul pourrait peut-être s'aviser (2). — Que voulez-vous? Je suis de la vieille école; j'appartiens au temps où

<pre>
    Alors qu'un courtisan traversait trois comtés
    Le lendemain d'un bal pour savoir si sa belle
    N'avait pas pris un rhume ou quelque toux cruelle.
</pre>

— Eh bien..... si..... si vous croyez qu'on puisse s'attendre à ma visite..... je..... crois pourtant qu'il vaudrait mieux ne pas la faire.

— Soit, soit, mon cher ami, je ne tiens pas assez

---

(1) Sans doute quelque marin du genre de l'aventureux Pierre Viaud. — Ed.

(2) Il y a dans la phrase le mot *bound*, *tenu à*, *obligé de*, ce mot veut dire aussi *relié*. M. Monkbarns croit avoir fait un jeu de mots.

Ed.

aux vieux usages pour vous presser de faire ce qui vous est désagréable. Non ; sur ma foi ! il suffit que je voie qu'il existe quelque *remora*, quelque motif qui vous retient, quelque empêchement dont je n'ai pas le droit de vous demander la cause. Ou peut-être êtes-vous encore fatigué ? Ne vous inquiétez pas. Je saurai donner de l'occupation à votre esprit sans vous exercer les jambes. Moi-même je n'aime pas à faire trop d'exercice ; une promenade dans le jardin une fois par jour suffit pour un être pensant. Il n'y a qu'un fou ou un chasseur de renards qui puisse en exiger davantage. Eh bien, qu'allons-nous faire ? vous lirai-je mon essai sur la castramétation ? Non, je réserve cette lecture comme un cordial pour l'après-dînée. Je vais vous montrer les pièces de la controverse entre Mac-Cribb et moi sur les poëmes d'Ossian. Je me suis déclaré contre l'éditeur, et il en soutient l'authenticité. La querelle a commencé d'une manière douce, civile et honnête, mais l'aigreur commence à s'en mêler, et notre style à devenir scaligérien. Je crains que le coquin n'entende parler de cette sotte histoire d'Ochiltrie. En tout cas j'aurai une réponse vigoureuse à lui faire, au sujet de la disparition de mon Antigone. Je vais vous montrer sa dernière épître, et le brouillon de ma réponse. Diable ! c'est un fier coup d'étrivières !

En parlant ainsi, l'antiquaire ouvrit un tiroir, et commença à fouiller dans un amas de papiers anciens et modernes confusément mêlés. Mais malheureusement il lui arrivait souvent en pareille occasion, comme à bien des savans et même à des gens qui ne le sont guère, d'éprouver ce qu'Arlequin appelle l'embarras des richesses. En un mot l'abondance des pièces composant cette collection l'empêchait fréquemment d'y trouver celle qu'il cherchait.

— Au diable soient ces papiers, dit-il en les feuilletant, je crois qu'ils prennent des ailes comme les sauterelles, afin de s'envoler; mais en attendant, regardez ce petit trésor. Et en même temps il lui mit en main une boîte de bois de chêne ornée de rosettes et de clous d'argent. Poussez ce bouton, dit-il en voyant que Lovel ne savait comment l'ouvrir. Aussitôt le couvercle s'ouvrit, et laissa voir un in-quarto fort mince relié avec soin en chagrin noir. Voyez, M. Lovel, ajouta-t-il, voilà l'ouvrage dont je vous parlais hier soir, ouvrage très-rare, la confession d'Augsbourg, la fondation et le boulevard de la religion réformée; rédigée par le savant et vénérable Mélanchton, défendue par l'électeur de Saxe et d'autres braves champions qui soutinrent leur foi en face d'un empereur puissant et victorieux, et imprimée par le digne et non moins vénérable Aldobrand Oldenbuck dont je me fais gloire de descendre, pendant les tentatives encore plus tyranniques de Philippe II pour détruire en même temps la liberté civile et religieuse. Oui, monsieur, ce fut pour avoir imprimé cet ouvrage que cet homme illustre fut exilé de son ingrat pays, forcé de transporter ici ses dieux pénates, et à les établir au milieu des débris de la religion romaine; considérez sa véritable image et respectez l'occupation honorable dans laquelle on l'a représenté, travaillant lui-même à sa presse, pour répandre les connaissances chrétiennes et politiques. Faites aussi attention à sa devise favorite, qui annonce son indépendance et sa confiance en lui, sentimens qui lui faisaient dédaigner de devoir à la protection ce que son mérite n'aurait pu obtenir; à cette devise qui exprimait aussi cette fermeté d'ame, cette tenacité dans ses desseins que recommande Horace. Il les possédait, M. Lovel; c'était un homme qu'on aurait vu rester inébranlable au milieu des débris de ses caractères, de ses formes, de ses presses, et de toute son imprimerie. Mais, lisez sa devise, vous dis-je, car chaque imprimeur avait la sienne dans le berceau de ce bel art. Celle d'Aldobrand, comme vous le voyez, était conçue en ces termes teutoniques. KUNST MACHT GUNST; c'est-à-dire que la prudence et l'adresse à nous servir de nos talens et de nos avantages naturels obtiennent enfin la faveur et la protection; quand même l'ignorance et les préjugés s'y opposent.

— Et c'est là, dit Lovel, après un moment de réflexion et de silence, c'est là ce que signifient ces mots allemands?

— Sans contredit. Vous sentez leur application évidente au sentiment intime que ce grand homme avait de son mérite, et du degré d'élévation où il était parvenu dans un art utile et honorable. Chaque imprimeur, à cette époque, avait, ainsi que je vous l'ai déjà dit, sa devise tout aussi bien que le plus fier chevalier qui s'avançait dans un tournoi. Aldobrand était aussi fier de la sienne que s'il l'avait déployée victorieux sur un champ de bataille. Elle annonçait qu'il répandait non le sang, mais les connaissances. Et cependant il existe une tradition de famille qui prétend qu'une circonstance plus romanesque la lui fit choisir.

— Et quelle est cette circonstance, mon cher monsieur!

— Eh! eh! elle est un peu dérogatoire à la réputation de prudence de mon respectable prédécesseur dans ce domaine. Mais *semel insanivimus omnes,* chacun fait à son tour quelque folie. On dit qu'Aldobrand, pendant qu'il était apprenti chez un descendant du patriarche de l'imprimerie, de Fust qu'une tradition populaire a envoyé au diable sous le nom de Faustus, se laissa gagner le cœur par un misérable brin de femelle, la fille de son maître, nommée Berthe. Ils rompirent une bague et firent toutes les singeries absurdes d'usage en pareil cas pour se promettre un amour constant, et Aldobrand partit pour faire son tour de Germanie, en brave et honnête *hand-werker,* car tel était alors l'usage des ouvriers : ils parcouraient tout l'empire, et travaillaient successivement dans les principales villes, avant de songer à former un établissement. Cette coutume était fort sage ; car ces ouvriers étant partout reçus en frères par les gens qui exerçaient le même métier, trouvaient ainsi l'occasion d'acquérir ou de répandre des connaissances. Quand Aldobrand retourna à Nuremberg, son ancien maître était mort, dit-on, et deux ou trois jeunes galans, peut-être quelques embryons à demi affamés de l'ordre de la noblesse, serraient de près la *yung fraw* (1) Berthe, à qui l'on savait que son père avait laissé une fortune qui pouvait bien équivaloir à seize quartiers de noblesse. Mais Berthe, qui n'était pas un trop mauvais échantillon de la gent femelle, avait fait vœu de ne prendre pour époux que l'homme qui pourrait travailler à la presse de son père. Ce genre de talent était à cette époque aussi rare qu'il est admirable, et cette proposition la débarrassa sur-le-champ de ses nobles amans auxquels il aurait été aussi facile de manier la baguette du magicien que le bâton du compositeur. Quelques typographes du

(1) Jeune fille. — Éd.

mérite le plus ordinaire firent pourtant la tentative, mais aucun d'eux n'était suffisamment initié dans les mystères de l'art. Mon histoire vous ennuie peut-être, M. Lovel.

— Nullement, je vous assure, M. Oldbuck. Continuez, je vous prie; je vous écoute avec beaucoup d'intérêt.

— Ce n'est pourtant qu'une folie. Au surplus, Aldobrand arriva sous le costume ordinaire d'un ouvrier imprimeur, costume sous lequel il avait traversé toute l'Allemagne, et causé avec Luther, Mélanchton, Erosine, et d'autres savans qui n'avaient méprisé ni ses connaissances ni les moyens qu'il avait de les communiquer, quoiqu'elles fussent cachées sous des vêtemens grossiers. Mais ce qui avait paru respectable aux yeux de la sagesse, de la religion, de la science et de la philosophie, devait, comme on pouvait s'y attendre, paraître bas, vil et méprisable, aux yeux d'une sotte femelle pétrie d'affectation, et Berthe refusa de reconnaître son ancien amant dans l'ouvrier revêtu d'un habit troué, portant un bonnet de peau, des souliers garnis de clous, et le tablier de cuir de sa profession. Il réclama pourtant le privilège d'être admis à l'épreuve, et quand ses rivaux eurent les uns renoncé à l'entreprise, les autres fait une feuille d'impression que le diable n'aurait pu lire, son pardon en eût-il dépendu, tous les yeux se fixèrent sur l'étranger. Aldobrand s'avança avec grace, arrangea ses caractères sans omettre une lettre, un trait ou une virgule, et tira une feuille d'impression dans laquelle il ne se trouvait pas plus de fautes que si c'eût été une tierce. Chacun applaudit au digne successeur de l'immortel Fust; Berthe reconnut en rougissant qu'elle avait commis une erreur en ne consultant que le témoignage de ses yeux; et Aldobrand, devenu son époux, prit pour devise Kunst macht Gunst; ou *le talent gagne la faveur*. Mais qu'avez-vous donc? Vous semblez enfoncé dans de sombres réflexions. Allons, allons, je vous disais bien qu'une telle histoire ne méritait pas l'attention d'hommes pensans. Mais j'ai enfin mis la main sur ma controverse au sujet d'Ossian.

— Je vous demande pardon, M. Oldbuck; je vais vous paraître bien singulier, bien peu stable dans mes idées; mais vous sembliez penser que la civilité exigeait que je rendisse une visite à sir Arthur?

— Bon, bon! je me charge de vos excuses. D'ailleurs, si vous devez nous quitter aussi promptement que vous le dites, qu'importe le rang que vous occuperez dans ses bonnes graces? et je vous en avertis, mon essai sur la castramétation est d'une certaine longueur. Ce sera tout ce que nous pourrons faire que de le lire dans l'après-dînée, de sorte que si nous ne consacrons pas la matinée à la controverse sur Ossian, vous courez le risque de la perdre. Nous irons sous mon bosquet sacré, mon houx toujours vert, et nous la lirons *fronde super viridi*.

« Chantons le houx sacré! crions vive le houx,
» L'amitié n'est qu'un mot; l'amour est pour les fous. »

— Mais vraiment, plus je vous examine, plus je commence à croire que vous n'êtes pas du même avis. Amen! de tout mon cœur; jamais je ne querelle la monture d'un autre parce qu'elle ne peut suivre la mienne. Eh bien, que dites-vous; dans le langage du monde et des mondains, si vous pouvez descendre dans une sphère si basse, irons-nous? resterons-nous?

— Allons-y, allons-y, répondit Lovel; c'est vous répondre dans le langage de l'égoïsme, et par conséquent dans celui du monde.

— Amen, amen, comme le dit le comte Marshall, dit Oldbuck en changeant ses pantoufles pour une paire de souliers, et en couvrant ses jambes de *cutikins*, nom qu'il donnait à ses guêtres de drap noir.

Il ne se détourna de la route que pour passer sur le tombeau de John de Girnell, dernier bailli de l'abbaye qui avait résidé à Monkbarns. Sous un vieux chêne situé au haut d'une colline descendant vers le sud, et d'où l'on apercevait la mer dans le lointain, au-dessus de deux ou trois beaux enclos et du Mussel-Craig, était une pierre couverte de mousse sur laquelle on avait gravé une inscription en l'honneur du défunt, inscription que personne ne pouvait lire, mais qu'Oldbuck prétendait avoir déchiffrée ainsi qu'il suit:

« Passant, ci-gît John de Girnell :
» La coque est ci-dessous, mais l'amande est au ciel.
» De son vivant nulles femelles
» Ne connurent stérilité.
» Poules pondaient l'hiver comme l'été :
» Chaque famille avait ou jumeaux ou jumelles.
» De quatre boisseaux il savait
» En faire cinq (1), dont il donnait
» Quatre à l'Église, et le cinquième aux belles. »

— Vous voyez, dit Oldbuck, combien était modeste l'auteur de cet éloge funèbre. Il nous dit que l'honnête John était assez adroit pour trouver dans quatre bois-

(1) Arithmétique qui pourra paraître neuve en 1826. — Éd.

seaux de quoi en faire cinq; que de ces cinq boisseaux de sa façon, il en rendait quatre à l'Église, c'est-à-dire à ses maîtres, et qu'il donnait le dernier aux femmes du pays. Il ajoute que de son vivant les poules pondaient hiver comme été, mais du diable si cela m'étonne; si elles mangeaient le cinquième des grains de l'abbaye, et que nulle famille ne restait sans enfans, miracle qu'il faut regarder comme inexplicable. Mais, allons, laissons John de Girnell, et gagnons les sables. Vous voyez que la mer, semblable à un ennemi vaincu, nous a cédé le terrain sur lequel elle nous a livré bataille hier soir.

En parlant ainsi, il s'avançait vers les sables. Sur les dunes qui en étaient voisines s'élevaient trois ou quatre huttes habitées par des pêcheurs dont les barques laissées à sec par la marée exhalaient le parfum agréable du goudron fondu par les rayons ardens du soleil, se mêlant à celui des entrailles des poissons et des autres immondices ordinairement accumulées autour des chaumières écossaises. Au milieu de cette atmosphère empestée, et sans en paraître aucunement incommodée, était une femme de moyen âge, dont les traits durs et rembrunis auraient défié mille tempêtes, et qui, assise à sa porte, s'occupait à raccommoder un filet. Un mouchoir noué sur sa tête, et un habit qui avait été jadis celui d'un homme, lui donnaient un air masculin, auquel des membres vigoureux, une taille presque gigantesque et une voix rauque ajoutaient encore.

— Qu'est-ce qu'il faut aujourd'hui à Votre Honneur? dit-elle, ou plutôt cria-t-elle à Oldbuck; des harengs, des merlans, un turbot, une plie?

— Combien pour le turbot et la plie? demanda l'antiquaire.

— Quatre shillings d'argent et six pences, répondit la naïade.

— Quatre diables et six diablotins, répliqua Oldbuck ; me prenez-vous pour un fou? Maggie.

— Et croyez-vous, dit la virago en appuyant les poings sur ses hanches, que mon homme et mes enfans aillent à la mer par un temps pareil à celui qu'il a fait hier et qu'il fait encore aujourd'hui, sans rien avoir pour leurs peines que des sottises, M. Monkbarns? Ce n'est pas du poisson que vous achetez, c'est la vie des hommes.

— Eh bien! Maggie, je vais vous faire une belle offre : je vous donnerai un shilling pour les deux; c'est six pences la pièce. Si tout votre poisson est aussi bien payé, votre homme, comme vous l'appelez, et vos enfans, n'auront pas fait un mauvais voyage.

— J'aimerais mieux que le diable eût brisé leur barque sur le Bell-Rock (1), c'eût été un voyage plus heureux. Un shilling pour ces deux beaux poissons! voilà une belle proposition !

— Eh bien, eh bien! ma vieille amie, portez votre poisson à Monkbarns, et vous verrez à vous arranger avec ma sœur.

— Non, M. Monkbarns, non. Je veux faire affaire avec vous, car quoique vous soyez dur à la desserre, miss Grizzy nous rogne les ongles de bien près. Je vous les donnerai, ajouta-t-elle en adoucissant sa voix, pour trois shillings six pences.

(1) Bell-Rock ou Inch Cape est situé à douze milles sud-ouest d'Arbroath. Ce roc est surnommé le Phare calédonien, depuis la construction d'un phare dont l'histoire est celle d'un des plus beaux triomphes de l'industrie humaine sur les élémens. — Éd.

L'ANTIQUAIRE.

— Dix-huit pences ou rien.

— Dix-huit pences! cria-t-elle d'un ton qui annonçait d'abord une surprise mêlée de colère, et qui finit par un gémissement lorsqu'elle vit Oldbuck faire un pas pour s'éloigner d'elle. Vous ne voulez donc pas de mon poisson? Eh bien, continua-t-elle d'un ton plus haut, en voyant qu'il s'en allait, vous les aurez avec..... avec une demi-douzaine de crabes pour faire la sauce, pour trois shillings et un verre d'eau-de-vie.

— Allons, Maggie, vous aurez une demi-couronne et le verre d'eau-de-vie.

— Il faut bien en passer par où Votre Honneur le veut; d'ailleurs un verre d'eau-de-vie vaut de l'argent aujourd'hui que les alambics ne travaillent plus.

— Et j'espère bien qu'ils ne travailleront plus de mon temps (1).

— Vraiment, il est bien aisé à Votre Honneur de parler ainsi, de même qu'à ceux qui, comme vous, ont tout à bouche que veux-tu, bon feu et bon couvert, bonne chère et bons habits; mais si votre cheminée était froide, si vous ne saviez comment dîner aujourd'hui, si vos habits étaient mouillés, si vous grelottiez de froid, et que vous eussiez en outre le chagrin dans le cœur, ce qui est le pire de tout, avec dix pences dans votre poche, ne seriez-vous pas bien aise d'avoir un verre d'eau-de-vie pour vous servir de souper, et vous tenir le cœur chaud jusqu'au lendemain matin?

— Cela n'est que trop vrai, Maggie. Et le brave homme est-il encore en mer ce matin, après ses travaux d'hier soir?

(1) Il s'agit ici de la distillation frauduleuse des liqueurs spiritueuses, qu'on a beaucoup de peine à empêcher en Écosse et en Irlande. — Éd.

— Oui, sans doute, Votre Honneur. Il est parti ce matin à quatre heures, tandis que le vent soulevait encore les vagues comme le levain fait lever la pâte, et notre petite barque dansait comme un bouchon.

— C'est un homme laborieux. Eh bien, vous porterez ce poisson à Monkbarns.

— Je vais y aller, ou plutôt j'y enverrai Jenny : elle ira plus vite; mais j'irai moi-même chercher le verre d'eau-de-vie, et je dirai à miss Grizzy que c'est de votre part.

Une créature d'une espèce qu'aucun naturaliste n'a décrite, et qui aurait pu passer pour une syrène, attendu qu'elle était dans une mare formée par l'eau de la mer entre les rochers, fut appelée à grands cris par la femme du pêcheur, et s'étant mise décemment, comme le dit sa mère, c'est-à-dire ayant ajouté une espèce de mante rouge au jupon qui formait auparavant son unique vêtement, et qui ne lui couvrait pas les genoux, elle partit avec le poisson dans un panier, et chargée par Oldbuck de dire qu'on le fît cuire pour dîner.

— Il se serait passé bien du temps, dit Oldbuck d'un air content de lui-même, avant que mes femelles eussent fait un marché aussi raisonnable avec cette vieille peau tannée, et cependant je les entends quelquefois se disputer avec elle pendant une heure entière sous la fenêtre de mon cabinet, criaillant toutes trois comme des mouettes pendant un ouragan. Mais, allons, reprenons le chemin de Knockwinnock.

CHAPITRE XII.

« Mendiant, dites-vous ? Dans la société
» Nul être ne jouit d'autant de liberté.
» Il ignore les lois, ne connaît pas de maître,
» Se dispense à la fois et de culte et de prêtre,
» Et n'admet en un mot d'autre religion
» Que quelques anciens *us* de sa profession.
» N'allez pas cependant le traiter de rebelle. »

BROME.

Avec la permission de nos lecteurs, nous devancerons notre antiquaire dont la marche, naturellement lente quoique assurée, était considérablement retardée par de fréquentes haltes, tantôt pour montrer à son compagnon quelque point de vue remarquable, tantôt pour appuyer sur quelque argument favori avec plus de force.

Malgré les fatigues et les dangers de la nuit précédente, miss Wardour avait pu se lever à son heure ordinaire et reprendre le cours de ses occupations de tous les jours, après s'être d'abord informée avec inquiétude de la santé de son père. Sir Arthur n'avait d'autre indisposition que la suite d'une grande agitation et d'une fatigue à laquelle il n'était pas habitué ; mais c'en fut assez pour l'engager à garder la chambre.

Passer en revue les événemens de la veille, était pour Isabelle une tâche bien triste. Elle devait sa vie et celle de son père à celui de tous les hommes envers lequel elle aurait le moins voulu contracter une obligation, parce qu'elle pouvait à peine lui exprimer la reconnaissance la plus ordinaire, sans encourager des espérances qui pouvaient leur être funestes à tous deux. — Pourquoi, pensait-elle, pourquoi faut-il qu'il m'ait rendu un si grand service, et qu'il se soit exposé à de tels risques pour moi, lui dont j'ai sans cesse cherché à décourager la passion romanesque ? Pourquoi le hasard lui a-t-il donné cet avantage sur moi ? Mais pourquoi ? oui pourquoi, y a-t-il au fond de mon cœur un sentiment à demi subjugué qui, en dépit de ma raison, s'applaudit presque de lui avoir cette obligation ?

Tandis que miss Wardour s'accusait ainsi de caprice et de bizarrerie, elle vit s'avancer dans l'avenue, non son jeune sauveur dont elle craignait la présence, mais le vieux mendiant, qui avait joué un des principaux rôles dans le drame de la soirée précédente.

— Elle sonna pour appeler sa femme de chambre : faites entrer ce vieillard, lui dit-elle.

Betzy revint au bout de quelques instans : — Il ne veut pas venir, mademoiselle, il dit que jamais ses souliers garnis de clous n'ont marché sur un tapis, et que s'il plaît à Dieu jamais ils n'y marcheront. Le ferai-je entrer dans l'office.

— Non, un instant. J'ai besoin de lui parler. Où est-il en ce moment? Car elle l'avait perdu de vue quand il était arrivé près de la maison.

— Assis au soleil sur le banc de pierre de la cour près la fenêtre de la salle à manger.

— Dites-lui de m'attendre; je vais y descendre, et je lui parlerai par la croisée.

Elle descendit sur-le-champ, et le trouva non pas tout-à-fait assis, mais appuyé contre le banc de pierre. Tout vieux et tout mendiant qu'il était, Edie Ochiltrie sentait probablement que sa grande taille, ses traits expressifs, sa longue barbe et ses cheveux blancs devaient produire une impression favorable, et l'on remarquait qu'il se montrait toujours dans une attitude propre à faire ressortir ces avantages. En ce moment il était à demi appuyé sur le banc; ses joues ridées mais vermeilles et ses yeux gris pleins de feu étaient tournés vers le ciel, et sa besace et son bâton à côté de lui. Il jeta un coup d'œil autour de la cour, d'un air d'ironie et de sarcasme, et reporta ensuite ses regards vers le firmament. Un artiste aurait pu le prendre pour modèle d'un ancien philosophe cynique, souriant de la frivolité des désirs des hommes, méditant sur le peu de solidité des biens du monde, et dirigeant ses pensées vers la source d'où dérivent les seuls biens durables.

Miss Wardour, en présentant sa jolie figure et sa taille pleine de graces à la fenêtre ouverte, mais qui, suivant un ancien usage adopté pour les croisées du rez-de-chaussée des châteaux, était garnie de barreaux de fer, donnait à cette scène un intérêt d'un genre différent. Une imagination romanesque aurait pu voir en elle une damoiselle captive, faisant le récit de ses souffrances à un vieux pèlerin, pour qu'il excitât chaque chevalier courtois qu'il rencontrerait dans ses courses à venir briser ses chaînes.

Miss Wardour, après avoir offert au mendiant, dans les termes les plus expressifs, des remerciemens que celui-ci déclara beaucoup au-dessus de ce qu'il méritait, commença à lui tenir un langage qu'elle supposait devoir lui faire plus de plaisir. — Je ne sais, lui dit-elle, ce que mon père a dessein de faire pour notre libérateur, mais bien certainement il vous mettra à l'abri du besoin pour le reste de votre vie. Si vous voulez demeurer au château, je donnerai ordre.......

— Ma bonne demoiselle, dit le vieillard en souriant et en secouant la tête, ce serait un mauvais tour à jouer à vos beaux laquais. Ils seraient honteux de moi, et je ne crois pas avoir encore fait honte à personne.

— Sir Arthur donnerait des ordres très-positifs.......

— Vous êtes bien bonne, miss Wardour, sans doute, sans doute; mais il y a des choses qu'un maître ne peut ordonner. Je ne doute pas qu'il ne leur défendît de me battre, et bien hardi d'ailleurs celui qui s'en aviserait. Il leur ordonnerait de me donner mon pouding de farine d'avoine, et mon morceau de viande. Mais croyez-vous que tous les ordres de sir Arthur pourraient empêcher le coup de langue et la malice de l'œil, ou me faire donner ma nourriture avec cet air de bonté qui en facilite la digestion? Croyez-vous qu'il pourrait leur interdire cet air de mépris et de reproche qui fait plus de mal que toutes les injures? D'ailleurs je suis le vieux fainéant le plus volontaire qui ait jamais existé. Je ne pourrais m'astreindre à des heures régulières ni pour manger ni pour dormir. Enfin, pour vous dire honnêtement la vérité, je serais un mauvais exemple dans une maison bien réglée.

— Eh bien, Edie, que diriez-vous d'une petite chaumière, une pièce d'argent tous les jours, et rien à faire que de bêcher votre jardin quand cela vous plairait?

— Et combien de fois croyez-vous que cela arriverait par an? peut-être pas une seule entre la Chandeleur et Noël. Et quand on ferait tout pour moi comme si j'étais sir Arthur lui-même, je ne pourrais jamais me résoudre à rester toujours à la même place, à voir toutes les nuits sur ma tête les mêmes poutres et les mêmes solives. Et puis j'ai une humeur goguenarde qui va bien à un vagabond mendiant, parce que personne ne prend garde à ce qu'il dit : sir Arthur de son côté a, comme vous devez le savoir, quelques singulières manies ; il pourrait m'arriver d'en rire et d'en plaisanter ; vous seriez fâchée contre moi, et il ne me resterait plus qu'à me pendre.

— Vous êtes un homme privilégié, Ochiltrie ; nous vous donnerons toute la latitude convenable ; ainsi suivez mon conseil, et faites attention à votre âge.

— Mais je ne suis pas encore si cassé. Tenez, vous m'avez vu bien mouillé hier soir, et j'étais encore frétillant comme une anguille. Et que ferait tout le pays sans le vieil Ochiltrie, qui porte les nouvelles et les *on dit* d'une ferme à l'autre ; qui a toujours un morceau de pain d'épices pour les petites filles, et qui fait pour les petits garçons des sabres de bois et des bonnets de grenadier ; qui raccommode les violons des hommes et les casseroles des femmes ; qui a des remèdes pour toutes les maladies des vaches et des chevaux ; qui sait plus de ballades et de contes que toute la baronnie ensemble, et que personne ne voit jamais arriver sans rire? Non, ma bonne demoiselle, non, je ne puis renoncer à ma vocation : ce serait une perte publique.

— Eh bien, Edie, puisque l'idée de votre importance a plus de prix à vos yeux que le désir de devenir indépendant........

— Et non, miss Wardour, non, je me trouve au contraire plus indépendant comme je suis. Je ne demande jamais qu'un repas dans une maison, ou même une bouchée de viande; si on me la refuse à une porte, je vais à une autre : ainsi donc je dépends, non de personne en particulier, mais du pays en général.

— Eh bien, promettez-moi seulement que lorsque votre vieillesse vous ôtera les moyens de continuer vos courses ordinaires, et que vous désirerez vous fixer quelque part, vous ne manquerez pas de m'en informer, et en attendant prenez cette bagatelle.

— Non, miss Wardour, je ne puis recevoir tant d'argent en une fois : c'est contre nos règles. D'ailleurs, quoiqu'il ne soit peut-être pas honnête de le répéter, on dit que l'argent ne foisonne pas chez sir Arthur, et qu'il a un peu trop négligé ses affaires à force de creuser pour trouver des mines de plomb et de cuivre.

Isabelle n'était pas sans quelques inquiétudes à ce sujet; mais il lui fut pénible d'apprendre que les embarras pécuniaires qu'éprouvait son père offraient déjà au public un sujet de conversation : comme si les erreurs de l'homme de bien, la chute du puissant et la ruine du riche n'étaient pas toujours le revenant-bon de la médisance. — Quoi qu'on en dise, Edie, répondit-elle en soupirant, nous avons de quoi payer nos dettes, et celle que nous avons contractée envers vous est une des plus sacrées. Prenez donc ce que je vous offre.

— Pour que je sois volé et assassiné quelque nuit en allant d'un village à l'autre; ou pour que je sois toujours dans la crainte de l'être, ce qui ne vaut guère mieux? Écoutez-moi, miss Wardour, ajouta-t-il en baissant la voix, après avoir jeté un coup d'œil de précaution autour de lui, je veux bien vous dire que je ne suis pas si au dépourvu que vous le pensez; et quoiqu'il soit possible que je meure dans un fossé, on trouvera cousu dans ce vieux manteau bleu de quoi m'enterrer comme un chrétien, et de quoi régaler convenablement ceux qui voudront venir à mes funérailles. Vous voyez donc que j'ai déjà pourvu à mon enterrement; et que faut-il de plus pour un vieux mendiant? Si l'on me voyait jamais changer un billet de banque, croyez-vous que quelqu'un serait assez fou pour me faire ensuite la charité? cette nouvelle parcourrait tout le pays comme un éclair: on dirait que le vieux Edie est cousu d'or et d'argent, et je mourrais de faim avant que personne me donnât un os à ronger, ou un bodle à mettre en poche.

— Mais n'y a-t-il donc rien que je puisse faire pour vous?

— Si vraiment. D'abord je viendrai à l'ordinaire vous demander l'aumône. Ensuite vous pouvez dire au constable et aux officiers de police de ne pas me gêner dans mon métier. Puis vous pourriez dire un mot à Sandy Netherstane, le meunier, pour qu'il enchaîne son gros chien, car je ne voudrais pas qu'il fît de mal à cette pauvre bête. Il ne fait que son devoir en aboyant contre un mendiant. Il y a bien encore une autre chose, mais ce serait peut-être trop de hardiesse à moi que de vous en parler?

— De quoi s'agit-il, Edie? soyez sûr que je ferai tout

ce qui dépendra de moi pour vous obliger, en tout ce qui vous concerne.

— C'est vous-même que cela concerne, et la chose ne dépend que de vous. Allons, il faut que je vous le dise. Vous êtes une bonne demoiselle, une jolie demoiselle, et, il est possible que vous ayez une bonne dot. Mais n'éloignez pas de vous ce jeune Lovel, comme vous l'avez fait il n'y a pas bien long-temps en vous promenant avec lui sur le Brierybank, car je vous y ai vus tous deux, et je vous ai entendus aussi, quoique vous ne m'ayez pas aperçu. Soyez indulgente pour ce pauvre jeune homme, car il vous aime véritablement, et si vous et votre père vivez encore, c'est à lui et non à moi que vous en êtes redevable.

Il prononça ces mots à voix basse, mais distinctement; et sans attendre de réponse il s'avança vers une petite porte qui conduisait à la partie de la maison où se tenaient les domestiques, et y entra.

Miss Wardour resta quelques instans dans la situation où elle était pendant que le vieillard lui avait tenu ce discours extraordinaire, c'est-à-dire appuyée sur les barres de fer de la croisée, et il lui fut impossible de dire un seul mot sur un sujet si délicat, avant que le mendiant eût disparu. Il lui était en effet assez difficile de prendre un parti à cet égard. Il était vrai qu'elle avait eu avec ce jeune inconnu une entrevue et une conversation en tête-à-tête; mais que ce secret fût en la possession d'un homme dans la classe duquel jamais jeune fille n'aurait choisi un confident; qu'elle se trouvât à la merci d'un mendiant qui était par profession le rapporteur de tous les bavardages du canton, c'était pour elle un sujet de regret véritable. Elle n'avait aucune raison

pour supposer que le vieillard voudrait faire, de propos
délibéré, rien qui lui fût désagréable, encore moins
chercher à lui nuire; mais la liberté qu'il avait prise de
lui parler comme il venait de le faire, semblait suffire
pour prouver un manque total de délicatesse, et elle
croyait bien qu'un partisan si déclaré de la liberté ne se
ferait pas scrupule de faire et de dire tout ce qui pourrait lui passer par la tête. Cette idée la tourmentait tellement qu'elle aurait presque désiré que Lovel et Ochiltrie ne se fussent pas trouvés si à propos la veille pour
la secourir.

Tandis qu'elle était dans cette agitation d'esprit, elle
vit tout à coup Oldbuck et Lovel entrer dans la cour.
Elle se retira sur-le-champ de la fenêtre, de manière à
pouvoir remarquer, sans être aperçue, que l'antiquaire
s'arrêta en face de la maison, et que levant la main vers
les armoiries des anciens propriétaires, sculptées sur la
muraille, il semblait prodiguer à Lovel tous les trésors
de son érudition, tandis que l'air distrait de celui-ci annonçait assez clairement qu'il n'en profitait guère. Elle
sonna, donna ordre à un domestique de les faire monter
dans le salon, et, passant par un escalier dérobé, gagna
son appartement, pour réfléchir, avant de se montrer,
sur la conduite qu'elle devait tenir. Conformément à
ses ordres, on fit entrer nos deux amis dans le salon où
l'on recevait ordinairement la compagnie.

CHAPITRE XIII.

> « Oui, je vous haïssais et je ne vous hais plus.
> » N'allez pas pour cela croire que je vous aime.
> » Pour moi votre présence était un deuil extrême :
> » A présent je pourrai peut-être vous souffrir.
> » C'est tout ce que de moi vous pouvez obtenir. »
>
> SHAKSPEARE. *Comme il vous plaira.*

Le teint de miss Isabelle Wardour était plus animé que de coutume quand, après avoir pris le temps nécessaire pour mettre quelque ordre dans ses idées, elle entra dans le salon.

— Je suis enchanté de vous voir, ma belle ennemie, dit l'antiquaire en la saluant de l'air le plus affectueux, car j'ai eu, dans mon jeune ami que voici, un auditeur réfractaire ou du moins fort négligent, tandis que je cherchais à lui faire connaître l'histoire du château de Knockwinnock. Je crois que le danger de la nuit dernière a troublé la cervelle du pauvre jeune homme. Mais vous, miss Isabelle, vous êtes aussi vermeille que si vous étiez habituée à braver toutes les nuits la fureur des vagues, les vents déchaînés et une pluie d'orage. Vos couleurs sont plus fraîches encore qu'elles ne l'étaient hier, lorsque vous honorâtes mon *hospitium* de votre présence. Et sir Arthur, comment se porte mon bon et ancien ami?

— Passablement, M. Oldbuck; mais je crains qu'il ne soit pas encore en état de recevoir vos félicitations, et d'offrir... d'offrir... à M. Lovel ses remerciemens pour son dévouement sans égal.

— Je le crois bien. Un bon oreiller de duvet aurait mieux valu pour sa tête grise que la couche dure qu'il a trouvée sur le tablier de Bessy, que j'envoie à tous les diables.

— Je n'avais pas dessein, dit Lovel, baissant les yeux, hésitant à chaque mot, et cherchant à cacher son émotion, je n'avais pas dessein de... de me présenter devant sir Arthur et miss Wardour. Je savais que ma présence devait leur être..... leur être peu agréable, puisqu'elle doit nécessairement rappeler des souvenirs pénibles.

— Ne croyez pas mon père si injuste et si ingrat, dit Isabelle d'un ton non moins embarrassé. J'ose dire..... je suis certaine que mon père se trouverait heureux de pouvoir prouver à M. Lovel sa reconnaissance..... c'est-à-dire pourvu qu'il voulût bien lui-même lui en indiquer le moyen le plus convenable.

— Que diable signifie une pareille réserve? s'écria Oldbuck : vous me rappelez notre grave ministre, qui, buvant, en vieux fat qu'il est, aux inclinations de ma sœur, jugea convenable d'ajouter : pourvu qu'elles soient vertueuses, miss Griselda. Fi donc! point de pareilles balivernes. J'ose dire que quelque autre jour sir Arthur sera charmé de nous voir. Et quelles nouvelles du royaume souterrain des ténèbres et de l'espérance? Que dit le noir esprit de la mine? Sir Arthur fonde-t-il quelque espoir sur sa dernière entreprise dans Glen-Withershins?

Miss Wardour secoua la tête.—Je crains que ses espérances ne soient bien faibles, M. Oldbuck. Voici pourtant, ajouta-t-elle en montrant à l'autre bout du salon une table sur laquelle étaient placés divers fragmens de pierres et de minéraux,—voici des échantillons qui lui ont été envoyés tout récemment.

—Ah! les pauvres cent livres que sir Arthur est venu à bout de me faire mettre pour ma part dans cette entreprise m'auraient acheté un chariot d'échantillons de minéralogie; n'importe, il faut que je les voie.

A ces mots il alla s'asseoir près de la table, et se mit à examiner successivement toutes les pierres qui s'y trouvaient, murmurant, et levant les épaules chaque fois qu'il en laissait une pour en reprendre une autre.

Pendant ce temps Lovel, que la retraite de l'antiquaire forçait en quelque sorte à se trouver en tête-à-tête avec miss Wardour, saisit cette occasion pour lui adresser la parole.

—Je me flatte, dit-il à demi-voix, que miss Wardour n'attribuera qu'à des circonstances presque inévitables la présence d'un homme qui a tant de raisons pour croire qu'il est vu ici avec si peu de plaisir.

—M. Lovel, répondit Isabelle sur le même ton, j'espère que... je suis sûre que vous êtes incapable de vouloir abuser de l'avantage que vous donnent les services que vous nous avez rendus, services pour lesquels.....

mon père ne saurait avoir trop de reconnaissance. Si M. Lovel pouvait me regarder comme une amie, comme une sœur, personne ne pourrait, et d'après tout ce que j'ai appris de M. Lovel, personne ne devrait être vu ici avec plus de plaisir; mais...

Lovel répéta ici intérieurement l'anathème prononcé par M. Oldbuck contre la conjonction *mais*. — Pardonnez-moi si je vous interromps, miss Wardour, vous ne devez pas craindre que je vous entretienne d'un sujet que vous m'avez déjà interdit. Mais si vous refusez d'écouter l'expression de mes sentimens, n'ajoutez pas à cette sévérité la rigueur de me forcer à les désavouer.

— Je suis très-fâchée, M. Lovel, de votre..... c'est à regret que je me sers d'un mot si dur, de votre opiniâtreté aussi romanesque qu'inutile. C'est pour vous-même que je parle. Songez que vous devez compte de vos talens à votre patrie. Il ne faut pas, en vous livrant à une prédilection déplacée, et qui n'est qu'une préférence passagère, perdre un temps qui, bien employé, pourrait jeter les fondemens de votre élévation future. Permettez-moi de vous conjurer de prendre une ferme résolution, et de...

— C'en est assez, miss Wardour, je vois clairement que.....

— Vous vous trouvez blessé, M. Lovel, et, croyez-moi, je compatis à la peine que je vous cause. Mais puis-je vous parler autrement, si je veux être juste envers vous et envers moi? Sans le consentement de mon père, jamais je n'écouterai les propositions de personne, et vous savez parfaitement vous-même qu'il est absolument impossible qu'il approuve les sentimens dont vous m'honorez, et je dois dire...

—Non, miss Wardour, n'allez pas plus loin. N'est-ce pas assez de détruire toutes mes espérances dans la situation où je me trouve aujourd'hui? faut-il encore me défendre d'en conserver pour l'avenir? pourquoi me dire quelle serait votre conduite si votre père n'avait plus d'objections à faire?

—Parce que cet espoir est chimérique, M. Lovel, parce qu'il est impossible de les détruire. Comme votre amie, comme une personne qui vous doit sa vie et celle de son père, je vous supplie de vaincre ce malheureux attachement. Quittez une ville où vous ne pouvez trouver aucun moyen de développer vos talens, et reprenez la profession honorable que vous semblez avoir abandonnée.

— Eh bien! miss Wardour, je vous obéirai; mais patientez encore un mois. Si dans ce court espace de temps je ne vous donne pas des raisons suffisantes pour prolonger mon séjour à Fairport, — des raisons que vous approuviez vous-même, je dirai adieu à ces environs, et en même temps à toutes mes espérances de bonheur.

—Ne parlez pas ainsi, M. Lovel; j'espère que pendant bien des années vous jouirez du bonheur dont vous êtes digne, d'un bonheur fondé sur des bases plus raisonnables que celui qui est en ce moment le but de vos désirs. Il est temps de mettre fin à cette conversation. Je ne puis vous forcer à suivre mon avis; je ne puis fermer la porte de cette maison à celui qui a sauvé la vie de mon père et la mienne; mais plus tôt M. Lovel pourra s'armer d'assez de force pour renoncer à des vœux qu'il avait formés imprudemment, plus il s'élèvera dans mon estime. En attendant il doit m'excuser si, pour lui comme pour moi, je le prie de ne pas renouveler dorénavant un entretien sur un sujet si pénible.

Un domestique vint annoncer en ce moment que sir Arthur priait M. Oldbuck de passer dans son appartement.

— Je vais vous montrer le chemin, dit Isabelle, qui craignait sans doute la continuation de son tête-à-tête avec Lovel; et elle conduisit l'antiquaire dans l'appartement de son père.

Sir Arthur, les jambes enveloppées de flanelle, était étendu sur un sopha.—Vous êtes le bienvenu, s'écria-t-il; j'espère que le mauvais temps a eu hier soir des suites moins fâcheuses pour vous que pour moi.

— Dans le fait, sir Arthur, je n'y ai pas été aussi exposé que vous. J'étais *in terrá firmá* tandis que la mer et les vents conspiraient contre vous. Mais de telles aventures conviennent mieux à un galant chevalier qu'à un humble écuyer. S'élever sur les ailes du vent de la nuit, s'enfoncer dans les profondeurs de la terre..... Et à propos, quelles nouvelles de notre contrée souterraine de Bonne-Espérance, de la *terra incognita* de Glen-Withershins?

—Rien de bon jusqu'à présent, répondit le baronnet en faisant une grimace comme s'il eût été attaqué d'une douleur de goutte; mais Dousterswivel ne désespère pas encore.

—Vraiment, dit Oldbuck : eh bien! moi, je désespère, ne lui en déplaise. Le vieux docteur H..... m'a dit à Édimbourg, d'après les échantillons que je lui ai montrés, que nous ne trouverions jamais dans cette mine assez de cuivre pour faire une paire de boucles de jarretières. Et je ne vois pas que les échantillons qui sont sur une table dans votre salon soient d'une qualité fort différente.

— Je ne crois pas que le savant docteur soit infaillible.

— Non, mais c'est un de nos premiers chimistes, et ce philosophe ambulant, votre Dousterswivel est, je crois, un de ces aventuriers habiles dont Kircher parle en ces termes : *Artem habent sine arte, partem sine parte; quorum medium est mentiri, vita eorum mendicatum ire;* c'est-à-dire, miss Wardour... (1).

— Je n'ai pas besoin d'explication, M. Oldbuck, je comprends fort bien ce que vous voulez dire, mais j'espère que M. Dousterswivel se trouvera plus digne de confiance.

— J'en doute beaucoup, reprit l'antiquaire, et nous sommes en mauvais chemin, si nous ne découvrons pas la maudite veine qu'il nous prophétise depuis deux ans.

— Vous n'avez pas un grand intérêt dans cette affaire, M. Oldbuck, dit le baronnet.

— Un trop grand, sir Arthur; un trop grand! Et cependant, pour l'amour de ma belle ennemie que voilà, je consentirais volontiers à tout perdre pour savoir que vous n'avez pas risqué davantage.

Un silence pénible régna quelques minutes, car sir Arthur était trop fier pour avouer que ses premiers songes ne l'abusaient plus, quoiqu'il commençât à prévoir le résultat de son entreprise.—J'ai appris, dit-il enfin, que le jeune homme dont le courage et la présence d'esprit nous ont rendu hier soir un si grand service, a

(1) Ils ont de l'art sans art, une partie sans partie (*un art qui n'en est pas un, des biens qui n'existent pas*); leur ressource est le mensonge; leur sort est de mendier. — Tr.

eu la politesse de me rendre une visite, et vous a accompagné chez moi. Je regrette de me trouver hors d'état de le voir, de même que qui que ce soit, excepté un ancien ami comme vous, M. Oldbuck.

L'antiquaire ne put s'empêcher de reconnaître cette préférence par un salut révérencieux.

— Je présume que vous avez fait connaissance avec ce jeune homme à Édimbourg?

Oldbuck lui raconta les circonstances qui le lui avaient fait connaître.

— Ma fille connaît donc M. Lovel depuis plus longtemps que vous?

— Oui-dà! j'étais loin de m'en douter.

— Le hasard m'a fait rencontrer M. Lovel, dit Isabelle en rougissant un peu, lorsque j'étais chez ma tante mistress Wilmot, le printemps dernier.

— Dans le comté d'York? et que faisait-il alors? que disait-on de lui? pourquoi avez-vous eu l'air de ne pas le connaître quand je vous l'ai présenté?

Isabelle répondit à la question la moins difficile, et laissa l'autre sans réponse.

— Il avait une commission dans l'armée, et il y avait, je crois, obtenu de la considération. Il était fort estimé, et passait pour un jeune homme aimable et qui promettait beaucoup.

— Mais, la chose étant ainsi, pourquoi l'avoir traité en étranger quand vous l'avez vu chez moi? Je vous aurais crue, miss Wardour, moins entichée du misérable orgueil de votre sexe.

— Elle avait de très-bonnes raisons pour agir ainsi, dit sir Arthur d'un air de dignité. Vous connaissez les opinions, vous direz peut-être les préjugés de ma famille; mais n'importe, nous attachons le plus grand prix à une naissance sans tache. Or il paraît que ce jeune homme est fils illégitime d'un homme riche. Ma fille ne voulait donc pas renouer connaissance avec lui, avant de savoir si j'approuverais une pareille liaison.

— S'il se fût agi de sa mère, j'en pourrais voir une excellente raison. Le pauvre garçon! voilà pourquoi il paraissait si confus et si distrait, pendant que je lui expliquais le motif de la bande de bâtardise qui se trouve dans ces armoiries sculptées au-dessous de la porte d'une de vos tourelles.

— Sans doute, dit le baronnet d'un air content de lui-même; ce sont les armes de Malcolm l'usurpateur, comme on l'appelle. La tour qu'il fit construire porte son nom; mais on l'appelle plus fréquemment la tour de Baltard, ce que je regarde comme une corruption pour la tour du Bâtard. Dans la généalogie latine de ma famille, il est nommé *Milcolumbus Nothus*. Il s'empara temporairement de nos biens, essaya d'établir par la violence sa race illégitime dans le domaine de Knockwinnock, et fit naître par là des querelles de famille et une longue suite de malheurs qui ont produit en nous un sentiment d'horreur et d'antipathie pour tout ce qui n'est pas fils de bonne mère, sentiment que mes respectables ancêtres m'ont transmis avec leur sang.

— Je connais cette histoire, dit Oldbuck, ainsi que les sages maximes qu'elle a inspirées à votre famille, et j'en faisais le récit à Lovel il n'y a qu'un instant. Pauvre jeune homme! il doit s'être trouvé blessé. J'attribuais son inattention à la négligence, et j'en étais piqué; tandis que ce n'était que l'effet naturel d'une susceptibilité portée à l'excès. J'espère, sir Arthur, que vous ne tiendrez pas moins à votre vie, parce que vous en êtes redevable à un homme dont la naissance est entachée?

— Et je n'en serai pas moins reconnaissant pour mon libérateur, s'écria le baronnet; ma porte et ma table lui seront toujours ouvertes, comme si le sang le plus pur coulait dans ses veines.

— Je suis charmé de vous entendre parler ainsi. S'il lui manque jamais un dîner, il saura où le trouver. Mais que fait-il dans ces environs? Il faut que je le catéchise, et si je trouve qu'il ait besoin d'avis... Qu'il en ait besoin ou non, je ne l'en laisserai pas manquer.

Après avoir fait cette promesse libérale, l'antiquaire prit congé de sir Arthur et de sa fille, tant il était empressé de commencer ses opérations sur Lovel. Il lui dit que miss Wardour lui faisait ses complimens et était restée près de son père; et lui prenant le bras, il sortit avec lui du château.

Knockwinnock conservait encore en grande partie les attributs extérieurs auxquels on reconnaissait autrefois les châteaux habités par des barons. Il avait un pont-levis, quoiqu'il fût toujours baissé; il était bordé par un large fossé sans eau, dont les deux rampes avaient été plantées en arbres verts. Le bâtiment s'élevait partie sur un rocher de couleur rougeâtre qui descendait vers la mer, partie sur la terre ferme, à peu de distance du fossé. Nous avons déjà parlé de l'avenue; d'autres bouquets de grands arbres s'élevaient dans les environs, comme pour réfuter le préjugé qui prétend que les arbres croissent mal dans le voisinage de la mer. Nos voyageurs s'arrêtèrent et se retournèrent vers le château quand ils furent parvenus sur une hauteur au milieu de la grande route; car on juge bien qu'ils ne voulurent pas courir le risque de s'exposer à la marée en s'en allant par les sables. L'édifice jetait son ombre épaisse sur des bosquets qui étaient sur la gauche, tandis que les fenêtres en face réfléchissaient les rayons du soleil. Cette vue ne leur inspirait pourtant pas les mêmes idées. Lovel, avec toute l'ardeur de cette passion qui se nourrit de bagatelles, comme on dit que le caméléon vit de l'air ou des insectes invisibles qui s'y trouvent, cherchait à deviner laquelle des nombreuses fenêtres qui s'offraient à ses yeux était celle de l'appartement embelli en ce moment par la présence de miss Wardour. Les réflexions de l'antiquaire étaient d'un genre plus sérieux, et il en donna la preuve quand, se retournant brusquement pour continuer sa route, il s'écria : *citò peritura!* Lovel, sortant de sa rêverie, le regarda comme pour lui demander ce que signifiait cette exclamation. Le vieillard secoua la tête. — Oui, mon jeune ami, dit-il, je crains, et c'est avec un vrai chagrin que je vous le dis, je crains que cette ancienne famille ne soit à l'instant de sa chute.

—Vraiment! s'écria Lovel; vous me surprenez beaucoup.

— C'est en vain, dit l'antiquaire poursuivant le cours de ses réflexions, que nous cherchons à nous endurcir le cœur, pour voir avec une juste indifférence les changemens qui surviennent dans ce monde trompeur et périssable; c'est en vain que nous nous efforçons de deviner l'être invulnérable qui se suffit à lui-même, le *teres atque rotundus* (1) du poète; cette exemption des peines et des misères de la vie humaine, que le stoïcien se vante de posséder, est aussi imaginaire que l'état de quiétude

---

(1) Rond et poli de tous côtés. — Tr.

mystique et de perfection auquel prétendent quelques enthousiastes.

— Et à Dieu ne plaise qu'il en soit autrement! dit Lovel avec chaleur; à Dieu ne plaise qu'il existe une philosophie capable de nous endurcir le cœur au point qu'il ne puisse être ému que par ce qui a un rapport direct à nous-mêmes! J'aimerais autant désirer que ma main devînt calleuse comme la corne, pour n'avoir pas à craindre le danger d'une coupure ou d'une égratignure, que d'ambitionner un stoïcisme qui ferait de mon cœur un bloc de pierre.

L'antiquaire regarda son jeune compagnon d'un air qui annonçait l'intérêt et la compassion. — Attendez, lui dit-il, attendez que votre barque ait été battue soixante ans par la tempête des vicissitudes humaines, et vous apprendrez alors à carguer vos voiles pour qu'elle puisse obéir au gouvernail; ou, pour vous parler le langage du monde, vous aurez enduré et il vous restera à endurer assez de détresses pour donner de l'exercice à votre sensibilité, sans prendre à la destinée des autres un intérêt plus vif que celui qu'il ne vous sera guère possible de leur refuser.

— Cela peut être, M. Oldbuck; mais comme en ce moment je me sens plus disposé à imiter votre pratique, qu'à adopter votre théorie, je ne puis m'empêcher de prendre un vif intérêt au sort de la famille que nous venons de quitter.

— Et ce n'est pas sans raison. Depuis quelque temps les embarras de sir Arthur se sont tellement multipliés et sont devenus si pressans, que je suis surpris que vous n'en ayez pas entendu parler. Et puis les opérations ruineuses que lui a fait faire ce corsaire de terre, ce vaurien d'Allemand, ce Dousterswivel...

— Je crois avoir vu ce personnage dans un café de Fairport où je vais quelquefois. Un homme de grande taille, à gros sourcils, l'air gauche et lourd, parlant d'objets scientifiques, autant qu'il est permis à mon ignorance d'en juger, avec plus de présomption que de connaissances réelles, et mêlant d'une manière bizarre des termes de science à un jargon mystique. Il semblait prononcer des oracles en débitant ses opinions. Un jeune homme me dit avec naïveté que c'était un illuminé, et qu'il avait commerce avec le monde invisible.

— C'est lui, c'est lui-même. Il a assez de connaissances pratiques pour s'exprimer savamment et avec bon sens en présence de ceux dont il craint l'intelligence; et pour vous dire la vérité, cette sorte de sagacité qu'il possède, jointe à une impudence sans égale, m'en a imposé quelque temps quand j'ai fait sa connaissance; mais j'ai su depuis que lorsqu'il se trouve avec des fous, ou dans une compagnie de femelles, il se montre un parfait charlatan, parle du *magisterium*, de sympathies et d'antipathies, de la cabale, de la baguette divinatoire, en un mot de toutes les billevesées dont les rosecroix se sont servis pour en imposer à un siècle moins éclairé, et qui, à notre honte éternelle, se sont renouvelées dans le nôtre. Mon ami Heavystern a connu ce drôle en pays étranger; car il faut que vous sachiez que le digne docteur est aussi une sorte de croyant, et il m'a fait connaître son vrai caractère. Ah! si j'étais calife pour un jour, comme le désirait l'honnête Aboul Hassan, je chasserais du pays tous ces jongleurs, avec un fouet de scorpions. Ils détraquent l'esprit des cerveaux faibles et crédules par leurs rêveries mystiques, aussi bien que s'ils attaquaient leur raison par des liqueurs fortes, et alors ils vident leurs poches avec la même facilité. C'est pourtant ce vaurien, ce vagabond, ce misérable, qui porte le dernier coup pour achever la ruine d'une ancienne et honorable famille.

— Mais comment serait-il possible qu'il en imposât à sir Arthur au point de le ruiner?

— Je ne sais trop. Sir Arthur est un brave homme, un homme respectable; mais, comme vous avez pu le remarquer d'après ce qu'il nous a dit sur la langue des Pictes, le bon sens n'est pas son fort. Une partie de ses biens est grevée d'hypothèques, et il a toujours été gêné. Ce fripon lui a promis des montagnes de cuivre, et une compagnie anglaise s'est chargée d'avancer des sommes considérables sur la garantie de sir Arthur, ce qui me donne de grandes craintes. Quelques personnes, et j'ai été assez âne pour être de ce nombre, ont pris de petites parts dans cette entreprise, et le baronnet a déboursé lui-même des sommes assez fortes. Nous fûmes leurrés par des apparences spécieuses et par des mensonges encore plus spécieux, et maintenant, comme John Bunyan (1), nous nous éveillons, et nous voyons que nous n'avons fait qu'un rêve.

— Je suis surpris que vous, M. Oldbuck, vous ayez encouragé sir Arthur par votre exemple.

— Ma foi, répondit l'antiquaire en baissant les yeux, j'en suis moi-même surpris et honteux. Ce n'était pas l'avidité du gain, car il n'existe pas un homme sur la

(1) Auteur de l'allégorie mystique intitulée le *Voyage du pèlerin*. Voyez la note sur cet ouvrage dans la *Prison d'Édimbourg*.
Éd.

terre, j'entends un homme prudent, qui soit plus indifférent que moi sur l'argent. Mais..... je crus pouvoir risquer cette bagatelle. On s'attend, quoique je ne sache trop pourquoi, que je donnerai quelque chose à quiconque aura la bonté de me débarrasser de ce brin de femelle, ma nièce Marie Mac Intyre ; et peut-être on pense aussi que je dois faire quelque chose pour avancer dans l'armée son garnement de frère. Dans l'un et l'autre cas, ma mise triplée m'aurait donné un bon coup de main. D'ailleurs, j'avais quelque idée que les Phéniciens avaient eu autrefois une fabrique de cuivre précisément à l'endroit où l'on faisait la fouille. Ce drôle, cet intrigant, ce Dousterswivel que le ciel confonde, trouva mon côté faible, il me berça de sots contes, prétendant avoir trouvé des traces prouvant qu'on avait autrefois exploité cette mine, et que ce genre de travaux se conduisait alors d'une manière toute différente que de nos jours, et je..... en un mot, je fus un vrai fou, et ce mot finit tout. Ma perte ne vaut pas la peine qu'on en parle, mais je sais que sir Arthur a contracté des engagemens très-considérables, et mon cœur saigne pour lui et pour la pauvre fille qui doit partager sa détresse.

Cette conversation n'alla pas plus loin. Nous verrons dans le chapitre suivant celle qui lui succéda.

CHAPITRE XIV.

« Si mon songe n'est pas un prestige imposteur,
» Le sommeil cette nuit m'a promis le bonheur :
» Je pense à mon amant et me sens plus légère ;
» Tout me sourit, mes pieds ne touchent pas la terre. »
SHAKSPEARE. *Roméo et Juliette.*

Les détails de la malheureuse entreprise de sir Arthur avaient fait perdre de vue à Oldbuck l'interrogatoire qu'il se proposait de faire subir à Lovel sur la cause de sa résidence à Fairport. Il résolut portant alors d'entamer ce sujet.

— Miss Wardour m'a dit qu'elle vous connaissait avant de vous avoir vu chez moi, M. Lovel ?

— J'ai eu le plaisir de la voir chez mistress Wilmot, dans le comté d'York.

— Vraiment ! vous ne m'en aviez jamais parlé. Et

pourquoi ne l'avez-vous pas abordée comme une ancienne connaissance?

— Je... je ne comptais pas la trouver chez vous, et... j'ai cru qu'il était de mon devoir d'attendre qu'elle me reconnût la première.

— Je connais votre délicatesse. Le baronnet est un vieux fou pointilleux, mais je vous garantis que sa fille est au-dessus de ces cérémonies qui tiennent à des préjugés ridicules. Et maintenant que vous avez trouvé ici de nouveaux amis, puis-je vous demander si vous avez toujours dessein de quitter Fairport aussitôt que vous vous le proposiez?

— Si je répondais à votre question par une autre? Si je vous demandais quelle est votre opinion des rêves?

— Mon opinion des rêves? Et que voulez-vous que j'en pense, jeune fou, si ce n'est que ce sont des illusions produites par l'imagination, lorsque la raison abandonne les rênes. Je ne vois aucune différence entre les rêves et les divagations de la folie. Dans les deux cas les chevaux sans guide entraînent la voiture: dans le dernier le cocher est ivre; dans l'autre il ne fait que sommeiller. Que dit à ce sujet notre ami Marcus Tullius Cicero? *Si insanorum visis fides non adhibenda, cur credatur somnientium visis, quæ multò etiam perturbatiora sunt, non intelligo* (1).

— Fort bien, monsieur, mais Cicéron nous dit aussi que celui qui passe toute la journée à lancer des javelines doit quelquefois atteindre le but. De même, parmi

---

(1) Si on n'ajoute aucune foi aux visions des fous, pourquoi en ajouter aux visions des personnes endormies, qui sont encore plus obscures? C'est ce que je ne comprends pas. — Tr.

la foule des songes que nous faisons, il peut s'en trouver quelques-uns qui aient rapport à des événemens futurs.

— Ah! ah! c'est-à-dire que dans votre sagesse vous vous imaginez que votre javeline a touché le but? Ah mon Dieu! comme les hommes sont toujours prêts à se laisser égarer par la folie! Mais voyons, je veux bien admettre pour une fois l'existence de la science onéirocritique ; j'ajouterai foi à l'explication des songes, et je dirai qu'un nouveau Daniel a paru au milieu de nous, si vous pouvez me prouver qu'un rêve vous a tracé une ligne de conduite sage et prudente.

— Dites-moi donc pourquoi, tandis que j'hésitais si j'abandonnerais une entreprise que j'avais tentée peut-être inconsidérément, j'ai rêvé la nuit dernière que je voyais Aldobrand Oldbuck me montrer sa devise que vous m'avez expliquée, et m'encourager ainsi à la persévérance? Pourquoi un songe m'aurait-il présenté ces trois mots que je ne me souviens pas d'avoir jamais ouïs, trois mots qui appartiennent à une langue qui m'est inconnue, et dont cependant l'explication m'a paru contenir une leçon parfaitement applicable aux circonstances dans lesquelles je me trouve?

L'antiquaire partit d'un grand éclat de rire.

— Pardonnez-moi, mon jeune ami, mais c'est ainsi que nous nous trompons nous-mêmes, faibles mortels que nous sommes, et que nous cherchons à trouver hors de nous des motifs qui n'ont d'autre source que notre propre volonté. Je crois pouvoir vous expliquer les causes de votre vision. Vous étiez si absorbé dans vos réflexions, hier après le dîner, que vous fîtes peu d'attention à l'entretien que nous avions sir Arthur et moi, jusqu'au moment où nous tombâmes sur la controverse relative aux Pictes, qui se termina si brusquement; mais je me souviens d'avoir montré au baronnet un livre imprimé par Aldobrand, et de lui en avoir fait remarquer la devise. Votre esprit était ailleurs, mais vos oreilles et vos yeux en ont été machinalement frappés, et en ont conservé le souvenir. Votre imagination, échauffée par la légende que Grizzy vous avait contée, s'est mise en travail et vous a représenté ces trois mots allemands pendant votre sommeil. Mais une fois éveillé, se faire d'une circonstance si frivole un prétexte pour persister dans quelque projet qu'on ne saurait appuyer sur de meilleurs motifs, c'est un de ces subterfuges auxquels le plus sage de nous a quelquefois recours pour céder à notre inclination en dépit de notre jugement.

— J'en conviens, M. Oldbuck, dit Lovel, je crois que vous avez raison, et je dois perdre dans votre estime pour avoir attaché un moment quelque importance à une circonstance si puérile. Mais j'étais agité par des désirs et des projets qui se contrariaient, et vous savez que la moindre corde suffit pour faire marcher une barque quand elle est à flot, tandis que le câble le plus fort ne pourrait la faire changer de place quand elle est à sec sur le rivage.

— Très-juste! on ne peut pas plus juste. Perdre dans mon estime! Pas un pouce, pas une ligne. Je ne vous en aime que mieux. Nous sommes maintenant à jeu égal; nous avons histoire pour histoire. Je suis moins honteux de penser que je me suis peut-être un peu trop avancé relativement à ce maudit *prætorium*. Et cependant je suis encore convaincu que le camp d'Agricola a dû être dans ces environs. Mais à présent, Lovel, parlez-moi franchement: que faites-vous dans ce voisinage?

Pourquoi avez-vous quitté votre pays et votre profession? Quel aimant peut vous retenir dans une ville comme Fairport? Faites-vous l'école buissonnière?

— Exactement. Je tiens à si peu de chose dans le monde, il existe si peu de personnes qui prennent intérêt à moi ou à qui j'en doive prendre, que cet état d'isolement assure mon indépendance. Celui dont la bonne ou la mauvaise fortune ne concerne que lui seul a droit de ne consulter que son caprice sur le chemin qu'il doit suivre.

— Pardonnez-moi, jeune homme, dit Oldbuck en lui frappant sur l'épaule d'un air d'amitié, et en faisant une halte; mais *sufflamina*, enrayez, je vous prie. Je veux bien supposer que vous n'ayez pas d'amis pour prendre part à vos succès dans le monde et s'en réjouir avec vous; qu'il n'existe personne à qui vous deviez reconnaissance ou protection; vous n'en devez pas moins marcher constamment dans le sentier du devoir. Vous devez compte de vos talens non-seulement à la société, mais encore à l'Être suprême, qui vous les a accordés pour que vous les employiez d'une manière utile à vous-même et aux autres.

— Mais je ne sache pas que je possède de tels talens, répondit Lovel avec un mouvement d'impatience. Je ne demande à la société que la permission de parcourir tranquillement les sentiers de la vie, sans coudoyer les autres, et sans me laisser coudoyer moi-même. Je ne dois rien à personne. J'ai les moyens de me maintenir dans une indépendance complète, et mes désirs sont si modérés, que ces moyens, quoique limités, vont au-delà de ce que je puis souhaiter.

— Eh bien, dit l'antiquaire en se remettant en

marche, si vous êtes assez philosophe pour vous croire assez riche, je n'ai plus rien à dire, je ne prétends pas avoir le droit de vous donner des conseils. Vous avez atteint l'*Acme*, le plus haut point de la perfection. Mais comment se fait-il que vous ayez choisi Fairport pour y pratiquer cette philosophie désintéressée? C'est comme si un adorateur du vrai Dieu allait planter sa tente au milieu des idolâtres de la terre d'Égypte. Il ne se trouve pas un seul être dans Fairport qui ne soit prosterné devant le veau d'or, le Mammon d'iniquité. Moi-même je suis tellement infecté par la contagion de ce mauvais air, que je me sens quelquefois tenté de partager cette idolâtrie.

— La littérature étant la principale source où je puise mes amusemens, et des circonstances que je ne puis expliquer m'ayant déterminé à renoncer, au moins pour quelque temps, au service militaire, j'ai choisi Fairport comme un endroit où je pouvais me livrer à mes goûts, sans être exposé à ces tentations qu'une société plus choisie m'aurait présentées.

— Ah! ah! je commence à comprendre l'application que vous vous êtes faite de la devise d'Aldobrand. Vous prétendez aux faveurs du public, quoique d'une autre manière que je ne l'avais pensé d'abord. Vous voulez briller comme littérateur, et vous espérez y réussir à force de travail et de persévérance.

Lovel, qui se trouvait serré de très-près par les questions de l'antiquaire, conclut que ce qu'il pouvait faire de mieux était de le laisser dans l'erreur à laquelle il se livrait volontairement.

— J'ai quelquefois été assez fou, lui répondit-il, pour nourrir de pareilles idées.

— Pauvre garçon! c'est un cas vraiment fâcheux. Et peut-être, comme bien des jeunes gens, vous vous imaginez amoureux de quelque brin de femelle trompeuse, ce qui est, comme Shakspeare le dit avec vérité, employer le fouet et l'éperon pour courir plus vite à sa perte.

Il continua alors à lui faire des questions auxquelles il avait souvent la bonté de répondre lui-même, car les études habituelles du bon antiquaire lui avaient fait contracter l'habitude de bâtir des théories sur des données qui étaient fort loin de pouvoir y conduire; et comme il tenait assez fortement à ses opinions, comme nos lecteurs peuvent l'avoir remarqué, il n'aimait à être contredit ni sur les faits ni sur les conclusions qu'il en tirait, même par ceux qui étaient personnellement intéressés au sujet qu'il discutait. Il continua donc à tracer la carrière littéraire de Lovel.

— Et par quel ouvrage comptez-vous marquer votre début comme homme de lettres? Oh! je le devine. La poésie, la poésie, cette douce séductrice de la jeunesse. Oui, oui, la confusion modeste que je vois dans vos yeux en fait l'aveu positif. Et quel sujet anime votre verve? Aspirez-vous à prendre votre essor jusqu'aux plus hautes régions du Parnasse, ou vous bornez-vous à quelques excursions au pied de la docte colline?

— Je ne me suis encore essayé que dans le genre lyrique.

— Je m'en doutais. Sautant de branche en branche pour essayer vos ailes. Mais je présume que vous avez dessein de prendre un vol plus hardi? Faites bien attention que je ne vous engage nullement à persister dans un métier si peu profitable. Mais vous dites que vous ne dépendez nullement du caprice du public?

— Pas le moins du monde.

— Et que vous êtes décidé à ne pas embrasser un genre de vie plus actif?

— Quant à présent, telle est ma résolution.

— Eh bien donc, il ne me reste qu'à vous donner mes avis sur ce que vous devez faire en ce genre, et à vous aider de tout mon pouvoir. Je suis moi-même auteur, j'ai publié deux essais dans l'*Antiquarian repository* (1), et par conséquent je ne suis pas sans expérience. L'un, intitulé Remarques sur l'édition de Robert de Glocester, de Hearnes, est signé *Scrutator*; l'autre, signé *Indagator*, est une dissertation sur un passage de Tacite. Je pourrais y ajouter un écrit qui fit beaucoup de bruit dans le temps et qui fut inséré dans le *Gentleman's Magasine* (2): c'était une discussion sur l'inscription d'Ælia Lélia, et je la signai *OEdipe*. Vous voyez donc que je ne laisse pas d'être initié dans les mystères de la littérature, et que je dois nécessairement connaître le goût et le caractère du temps. Or maintenant, je vous le demande, par où comptez-vous commencer?

— Je n'ai pas en ce moment l'intention de rien publier de si tôt.

— Ah! ce n'est pas cela; dans tout ce qu'on entreprend il faut toujours avoir devant les yeux la crainte du public. Voyons. Un recueil de poésies fugitives? Non. Les poésies fugitives restent ordinairement sta-

---

(1) Le *Répertoire* ou *Recueil d'Antiquités*, espèce de publication périodique. — Éd.

(2) Feuille périodique mensuelle, et qui n'est pas la plus savante, c'est-à-dire la plus scientifique. — Tr.

tionnaires dans la boutique du libraire. Il faut que vous fassiez quelque chose qui soit en même temps solide et attrayant. Point de romans, point de nouveautés anomales. Il faut vous établir de prime abord sur un terrain solide. Attendez. Que penseriez-vous de l'épopée? l'ancien et grand poëme historique, continué pendant douze ou vingt-quatre chants. Oui, c'est cela. Il ne vous faut qu'un sujet; je vous le fournirai. La bataille entre les Calédoniens et les Romains. Vous l'intitulerez *la Calédoniade, ou l'Invasion repoussée*. Ce titre conviendra au goût du jour, et vous pourrez y placer quelques allusions au temps actuel.

— Mais l'invasion d'Agricola ne fut pas repoussée.

— Qu'importe? vous êtes poète, libre de toute dépendance. Vous n'êtes pas plus obligé que Virgile de vous assujettir au vrai et au probable. Vous pouvez battre les Romains, en dépit de Tacite.

— Et faire camper Agricola au Kaim de..... comment l'appelez-vous, en dépit d'Edie Ochiltrie?

— Ne parlons plus de cela, si vous avez quelque amitié pour moi. D'ailleurs, j'ose dire qu'il est possible que vous disiez la vérité dans les deux cas, en dépit de la toge de l'historien, et du manteau bleu du mendiant.

— Le conseil est fort bon. Eh bien, je ferai de mon mieux. Mais vous aurez la bonté de me donner toutes les informations locales.

— Si je vous les donnerai? je ferai bien plus; j'écrirai des notes critiques et historiques sur chaque chant, et je vous tracerai moi-même le plan de tout le poëme. Je ne suis pas sans quelque génie poétique, M. Lovel; seulement je n'ai jamais su faire un vers.

— C'est bien dommage, monsieur, qu'il vous manque une des qualités les plus essentielles de l'art.

— Les plus essentielles? point du tout. Les vers sont la partie mécanique. Un homme peut être poète sans mesurer des spondées et des dactyles comme les anciens, et sans faire rimer le bout de ses lignes comme les modernes, de même qu'on peut être architecte sans savoir assembler des pierres comme un maçon. Croyez-vous que Vitruve ou Palladio aient manié la truelle?

— Dans ce cas, il faudrait deux auteurs pour chaque poëme, l'un pour inventer et tracer, l'autre pour exécuter.

— Cela ne serait pas plus mauvais : mais, quoi qu'il en soit, nous en ferons l'épreuve. Ce n'est pas que je désire que le public soit informé de la part que j'y aurai eue. On peut, dans la préface, reconnaître d'une manière gracieuse qu'on a reçu quelques secours d'un savant ami; mais je suis inaccessible à la petite vanité dont tant d'auteurs sont gonflés.

Lovel s'amusait en entendant une déclaration qui ne s'accordait guère avec l'empressement que son vieil ami semblait mettre à saisir l'occasion de se montrer au public, quoique ce fût en quelque sorte monter derrière une voiture, au lieu de se placer dans l'intérieur. Quant à l'antiquaire, il était ravi. De même que bien des auteurs qui s'occupent dans l'obscurité de recherches littéraires, il nourrissait secrètement l'ambition de se faire imprimer, mais cette ambition était réprimée par des accès de défiance, la crainte de la critique, une indolence naturelle, et l'habitude de remettre au lendemain. — Maintenant, pensait-il, je puis, comme un autre Teucer, lancer mes traits à l'abri du bouclier de mon allié. En supposant qu'il ne soit pas un poète du premier ordre, je ne suis nullement responsable de ses fautes, et de bonnes notes peuvent faire passer un texte médiocre. Mais il est, il doit être bon poète. Il a la véritable distraction poétique. Rarement il répond à une question avant qu'on la lui ait faite deux fois; il se brûle en oubliant de laisser refroidir son thé; il mange sans savoir ce qu'il met dans sa bouche. C'est bien là l'*œstus poeticus*, l'*awen* des bardes welches, le *divinus afflatus* qui transporte le poète au-delà de ce monde sublunaire. Ses visions sont encore un symptôme de fureur poétique. Il faudra que je songe ce soir à envoyer Caxon voir s'il a eu soin d'éteindre sa chandelle : les poètes et les visionnaires sont souvent très-négligens à cet égard. Se tournant alors vers son compagnon, il reprit à voix haute le fil de son discours.

— Oui, mon cher Lovel, vous aurez des notes en abondance, et en vérité je crois que nous pourrons joindre à votre poëme mon traité sur la castramétation, par forme d'appendix. Cela donnera beaucoup de valeur à l'ouvrage. Nous aurons soin de faire revivre les anciennes formes, si honteusement négligées dans les temps modernes. Vous invoquerez les muses, et certainement elles doivent sourire à un poète qui, dans un siècle d'apostasie, se conforme avec la foi d'Abdiel (1) aux anciennes formules d'adoration. Ensuite nous aurons une vision dans laquelle le génie de la Calédonie apparaîtra à Galgacus, et fera passer en revue devant lui toute la suite des vrais monarques d'Écosse. Là j'aurai soin, dans une note, de ne pas manquer Boethius. Mais

(1) Abdiel, l'ange fidèle, qui refusa de déserter la cause des bons anges dans le *Paradis perdu*. — Ed.

non, il ne faut pas toucher à cette corde, les vibrations en seraient trop sensibles pour sir Arthur, et il est vraisemblable qu'il aura assez de tribulations sans cela. Mais j'anéantirai Ossian, Mac-Pherson et Mac-Crib.

— Mais il faut songer aux frais d'impression, dit Lovel, voulant essayer si cette idée serait l'eau froide capable d'éteindre l'ardeur d'un collaborateur si zélé à s'offrir.

— Les frais d'impression? dit Oldbuck en s'arrêtant et en mettant machinalement la main dans sa poche. Sans doute, je pourrais y contribuer. Mais n'aimeriez-vous pas mieux publier cet ouvrage par souscription?

— Non certainement, répondit Lovel.

— Non, non, répéta l'antiquaire, ce n'est pas là une manière honorable de publier un ouvrage. Mais écoutez-moi : je crois connaître un libraire qui a quelques égards pour mon opinion ; il risquera le papier et l'impression, et je ferai vendre pour votre compte autant d'exemplaires qu'il me sera possible.

— Oh! je ne suis pas un auteur mercenaire. Tout ce que je désire, c'est de ne courir aucun risque.

— Bien, bien. Nous y veillerons, nous le rejetterons tout entier sur l'éditeur. Je voudrais que votre poëme fût déjà commencé. Vous l'écrirez en vers blancs sans doute? Ce genre de poésie est plus grand, plus majestueux, et convient mieux à un sujet historique. D'ailleurs, et cela vous regarde, mon jeune ami, je le crois plus facile.

Cette conversation les conduisit jusqu'à Monkbarns, où l'antiquaire eut à recevoir une mercuriale de sa sœur, qui, quoiqu'elle ne fût pas philosophe, l'attendait sous le portique pour la lui administrer.

— Mon Dieu! mon frère, lui dit-elle, les denrées ne sont-elles pas assez chères? Faut-il que vous fassiez vous-même hausser le prix du poisson en donnant à la mère Mucklebackit tout ce qu'il lui plaît de vous demander?

— Comment, Grizzy, je croyais avoir fait un excellent marché.

— Un excellent marché! en donnant à cette effrontée la moitié de ce qu'elle vous a demandé! Si vous étiez une vieille femme et que vous achetassiez vous-même votre poisson, vous sauriez qu'il ne faut jamais offrir plus du quart. Et cette impudente! avoir l'assurance de venir demander un verre d'eau-de-vie! mais Jenny et moi nous lui avons bien dit son fait, je m'en flatte.

— En vérité, dit Oldbuck en adressant un coup d'œil malin à Lovel, je crois que nous devons bénir notre étoile qui nous a préservés d'entendre cette contestation. Eh bien, eh bien, Grizzy, j'ai eu tort une fois en ma vie; *ne ultrà crepidam* (1); j'en conviens. Mais ne songeons pas à la dépense; les soucis tueraient un chat (2). Nous mangerons le poisson, coûte qui coûte. Maintenant, Lovel, il faut que je vous dise que si je vous ai pressé de rester, c'est parce que je sais que nous ferons meilleure chère que de coutume, attendu qu'hier était un jour de gala. Je préfère le lendemain d'une fête à la fête même. J'aime les *analecta*, les *collectanea*, comme je puis appeler les restes du dîner qui a paru la veille en semblable occasion. Mais voyez, voilà Jenny qui va sonner la cloche du dîner.

(1) Que le cordonnier ne sorte pas de ses *souliers*. — Tr.
(2) Proverbe anglais. — Ed.

CHAPITRE XV.

« Que cette lettre soit remise au plus vite, — allons
» pars et cours au galop, à bride abattue, maraud,
» il y va de ta vie, il y va de ta vie. »

Les lettres d'importance.

Nous allons laisser M. Oldbuck se régaler avec son jeune ami du poisson qu'il avait surpayé, et nous transporter avec nos lecteurs dans l'arrière-boutique de la maison de la poste aux lettres de Fairport. Le buraliste était absent, et sa femme s'occupait à classer les lettres qui venaient d'arriver d'Édimbourg, pour les remettre au facteur chargé d'en faire la distribution. Dans les villes de province, c'est souvent le moment de la journée que les commères choisissent de préférence pour aller faire une visite à l'*homme ou à la femme de lettres*, afin de pouvoir, en lisant les adresses, et quelquefois aussi, s'il faut en croire les bruits publics, en jetant un coup d'œil sur l'intérieur, se procurer des renseignemens, ou former des conjectures sur les affaires de leurs voisins. A l'instant dont nous parlons, deux femmes de cette espèce s'occupaient à aider mistress Mailsetter à s'acquitter de ses fonctions officielles, ou pour mieux dire à les mal remplir.

— Eh mon Dieu! dit la femme du boucher, voilà dix, onze, douze lettres pour Tennant et compagnie! ces gens-là font plus d'affaires à eux seuls que tout le reste de la ville ensemble.

— Oui, dit la boulangère, mais faites attention qu'en voilà deux pliées en carré et fermées de deux cachets. Je serais bien surprise s'il ne s'y trouvait pas quelques traites protestées.

— Est-il arrivé quelque lettre pour Jenny Caxon? demanda la bouchère. Il y a trois semaines que le lieutenant est parti.

— Il en est arrivé une il y a eu mardi huit jours, répondit mistress Mailsetter.

— Une lettre venant de l'étranger!

— Oui vraiment.

— C'était donc du lieutenant? Je ne croyais pas qu'il eût retourné la tête pour elle.

— Oh! oh! en voici une autre, s'écria mistress Mailsetter, une lettre venant de l'étranger, portant le timbre de Sunderland.

Les deux commères voulurent y porter la main en même temps.

— Non, non, mesdames, j'ai eu bien assez de cette besogne. Savez-vous que M. Mailsetter a eu une fameuse réprimande du secrétaire de l'administration à Édimbourg, à qui Aily Bisset avait fait des plaintes au sujet d'une lettre que vous avez ouverte, mistress Shortcake?

— Moi! s'écria l'épouse du premier boulanger de Fairport; vous savez bien vous-même, madame, qu'elle s'est ouverte d'elle-même entre mes mains. En suis-je la cause? Pourquoi n'emploie-t-on pas de meilleure cire à cacheter?

— C'est bien vrai, répondit mistress Mailsetter la mercière; et nous en avons que je puis recommander en conscience, si vous connaissez quelqu'un qui en ait besoin. Mais le fort et le faible, c'est que nous perdrions la place s'il y avait encore de pareilles plaintes.

— Bon, bon, ma commère, n'avez-vous pas le prévôt pour vous?

— Je ne me fie ni au prévôt ni au bailli. Cela n'empêche pas que je ne sois disposée à obliger des voisines, et vous pouvez examiner tant qu'il vous plaira l'extérieur d'une lettre. Voyez, le cachet porte une ancre. Je parierais qu'il a cacheté sa lettre avec un bouton de son habit.

— Montrez-la-moi! montrez-la-moi! s'écrièrent en même temps les deux commères, et elles se jetèrent sur la prétendue lettre d'amour comme les trois sorcières de Macbet sur le pouce du pilote (1), avec autant de curiosité et guère moins de malice. Mistress Heukbane, la bouchère, était une femme de grande taille; elle saisit la lettre la première, et la leva entre ses yeux et la croisée. Mistress Shortcake, petite femme grosse et ronde, se dressait sur la pointe des pieds pour tâcher d'avoir sa part de l'examen.

(1) Dans la fameuse scène du sabath. — Ed.

— C'est de lui, dit la bouchère, j'en suis sûre, car je puis lire la signature, Richard Taffril, et le papier rempli d'un bout à l'autre.

— Baissez-la donc, madame, s'écria mistress Shortcake d'un ton plus élevé que ne le permettait la prudence exigée par leurs opérations secrètes; baissez-la donc! Croyez-vous être la seule qui sache lire l'écriture?

— Paix donc! mesdames, paix donc! dit mistress Mailsetter : il y a quelqu'un dans la boutique. Et parlant alors plus haut : — Baby, ajouta-t-elle, ayez soin de servir les pratiques.

Baby répondit d'une voix aigre : — Il n'y a personne, madame; ce n'est que Jenny Caxon qui vient voir s'il y a des lettres pour elle.

— Dites-lui, dit la fidèle maîtresse de poste en faisant un signe d'intelligence à ses deux amies, qu'elle revienne demain matin à dix heures, et je l'en informerai. Nous n'avons pas encore eu le temps d'arranger les lettres. Elle est toujours si pressée! on dirait que ses lettres sont plus importantes que celles du plus gros marchand de la ville!

La pauvre Jenny, jeune fille d'une modestie et d'une beauté peu communes, ne put que s'envelopper de sa mante pour cacher le soupir que lui arrachait son espoir déçu, et retourner chez elle pour passer encore une nuit dans l'inquiétude et la crainte.

— Je vois, dit mistress Shortcake, au niveau des yeux de laquelle la bouchère avait abaissé l'épître, qu'il est question dans cette lettre d'aiguille et d'enseigne.

— N'est-ce pas une honte, dit mistress Heukbane, de mépriser ainsi une pauvre fille crédule, après lui avoir fait la cour si long-temps, et en avoir eu tout ce qu'il a voulu, comme je n'en doute pas?

— Comme on n'en peut douter, dit la boulangère; — lui reprocher que son père n'est qu'un barbier avec une enseigne à sa porte, et qu'elle n'est elle-même qu'une couturière! Fi! c'est une indignité.

— Eh non! madames, eh non! s'écria mistress Mailsetter, vous vous trompez; je vois ce que c'est: c'est un vers d'une chanson de marin que je lui ai entendu chanter vingt fois. Il dit qu'il lui sera fidèle comme l'aiguille l'est au pôle.

— Eh bien! eh bien! je désire que cela soit. Mais il n'en est pas mieux à une fille comme elle d'entretenir une correspondance avec un officier du roi.

— Je ne dis pas le contraire, dit la buraliste, mais toutes ces lettres d'amour sont d'un bon rapport pour la poste. Ah! voyez! six lettres pour sir Arthur Wardour, la plupart fermées avec des pains à cacheter au lieu de cire. Il y aura bientôt du désarroi de ce côté, croyez-moi.

— Bien certainement, dit mistress Heukbane, ce sont sûrement des lettres d'affaires. Elles ne viennent pas de ses grands amis, qui mettent toujours sur le cachet leurs armoiries, comme ils les appellent. Nous verrons son orgueil rabaissé. Il y a un an qu'il n'a réglé son compte avec nous. Ce n'est plus qu'un avorton, je crois.

— Et nous n'en avons rien reçu depuis six mois, dit mistress Shortcake; c'est une croûte brûlée.

— Voici, dit la digne maîtresse de la poste, une lettre qui vient sûrement de son fils le capitaine, car le cachet est semblable aux armes qui sont sur la voiture de son père. Il va peut-être revenir pour voir ce qu'il pourra sauver du feu.

Elles ne cessèrent de s'occuper du chevalier baronnet que pour passer à l'écuyer. — Deux lettres pour Monkbarns. C'est de quelques savans de ses amis. Voyez comme elles sont écrites en caractères fins, et jusque sous le cachet. Tout cela pour éviter le port d'une lettre double. C'est bien ce que ferait Monkbarns lui-même : quand il affranchit une lettre, il ne manque pas de lui donner le poids d'une once si exactement, qu'un grain d'anis, mis dans la balance, la ferait pencher; mais jamais il ne dépasserait ce poids d'un grain. Je ne serais pas bonne à jeter aux chiens si je ne donnais pas meilleur poids aux pratiques qui viennent acheter chez nous du poivre, du sucre et du soufre.

— Le laird de Monkbarns est un vrai ladre, dit mistress Heukbane; il fait autant de bruit pour acheter un quartier d'agneau au mois d'août, que s'il s'agissait d'une culotte de bœuf. — Mistress Mailsetter, donnez-nous donc un autre verre d'eau de cannelle. — Ah! mesdames, si vous aviez connu son frère comme moi! Que de fois il est venu me voir sans bruit avec une couple de canards sauvages dans sa poche, tandis que mon premier homme était au marché de Falkirk! Ah! je n'en pourrais dire assez.

— Je n'ai point de mal à dire de Monkbarns, dit mistress Shortcake, son frère ne m'a jamais apporté de canards sauvages, et celui-ci est un brave et honnête homme. C'est nous qui lui fournissons le pain, et il paie régulièrement toutes les semaines. Seulement il s'est fâché tout rouge quand nous lui avons envoyé un livre au lieu d'une marque en bois, parce que c'était, disait-il, l'ancienne manière d'établir les comptes entre les boulangers et leurs pratiques ; et c'est la vérité.

— Voyez, mesdames, voyez ! s'écria mistress Mailsetter ; voici de quoi guérir tous les maux d'yeux du monde. Que ne donneriez-vous pas pour savoir ce que contient cette lettre ? C'est du grain nouveau. Jamais vous n'en avez vu de semblable. A William Lovel, écuyer, chez mistress Hadoway, High-street, à Fairport, par Édimbourg. C'est la seconde lettre qu'il reçoit depuis qu'il est ici.

— Voyons ! voyons ! s'écrièrent à la fois les deux dignes filles de notre mère Ève ; pour l'amour de Dieu, montrez-nous cette lettre. C'est ce jeune homme que personne ne connaît dans toute la ville, un beau garçon, vraiment ! voyons ! voyons !

— Non, non, mesdames, s'écria mistress Mailsetter ; à bas les mains, retirez-vous. Ce n'est point ici une de ces lettres de quatre sous, dont nous pouvons compter la valeur à l'administration en cas d'accident. Le port est de vingt-cinq shillings, et il y a au dos un ordre du secrétaire de l'envoyer au jeune homme par un exprès, s'il n'est pas chez lui. Non, non, mesdames, vous dis-je, cette lettre veut être maniée avec précaution.

— Mais laissez-nous en voir du moins l'extérieur, ma commère.

Cet extérieur ne put donner lieu qu'à quelques remarques sur les différentes propriétés que les philosophes attribuent à la matière, longueur, largeur, épaisseur, pesanteur. L'enveloppe était faite de papier très-épais, impénétrable aux yeux de la curiosité même, et par conséquent à ceux de nos trois commères, quoiqu'elles les ouvrissent de manière à faire croire qu'ils allaient s'élancer hors de leur orbite. Le cachet était large, appliqué avec soin, et défiait tous les efforts qu'on pourrait faire pour le faire sauter adroitement.

— Diantre! mesdames, dit mistress Shortcake, pesant le paquet dans sa main, et souhaitant probablement que la cire trop solide pût s'y amollir et s'y fondre, je voudrais bien savoir ce qu'il y a dans cette lettre, car ce Lovel est un homme comme on n'en a jamais vu sur le pavé de Fairport. Personne ne sait qui il est, d'où il vient, ni ce qu'il fait.

— Eh bien! eh bien! mesdames, dit la buraliste, nous allons en jaser en prenant le thé. Baby, apportez la bouilloire. Je vous remercie des gâteaux que vous m'avez envoyés, mistress Shortcake. Ensuite nous fermerons la boutique, nous enverrons Baby se coucher, nous ferons une partie de cartes jusqu'à ce que M. Mailsetter arrive, et puis nous goûterons les riz de veau que vous avez eu la bonté de m'envoyer, mistress Heukbane.

— Mais n'enverrez-vous pas d'abord la lettre de M. Lovel? dit mistress Heukbane.

— Je ne saurais qui envoyer avant que mon homme soit de retour, car le vieux Caxon m'a dit que M. Lovel couchera cette nuit à Monkbarns. Il a gagné la fièvre hier, en pêchant dans la mer le laird et sir Arthur.

— Les vieux fous! dit la boulangère : qu'avaient-ils besoin d'aller à l'eau comme des canards, par une nuit comme celle d'hier?

— On m'a donné à entendre que c'est le vieux Edie qui les a sauvés, dit mistress Heukbane : Edie Ochiltrie, le Manteau-Bleu, vous savez; et qui les a retirés tous les trois d'une mare d'eau salée, car Monkbarns les avait toujours fait aller en avant pour leur faire voir d'anciens ouvrages des moines.

— Ce n'est pas cela, voisine, dit mistress Mailsetter ; je vais vous dire l'histoire telle que Caxon me l'a racontée. Il faut que vous sachiez que sir Arthur, miss Wardour et M. Lovel avaient dîné à Monkbarns...

— Mais, mistress Mailsetter, dit de nouveau la bouchère, n'êtes-vous pas d'avis d'envoyer sur-le-champ cette lettre par un exprès ? Ce ne serait pas la première fois que notre cheval et notre garçon auraient fait des commissions pour la poste. Le bidet n'a fait que trente milles aujourd'hui, et Jack était à l'étrier comme je sortais de la maison.

— Mistress Heukbane, dit la buraliste en faisant la moue, vous devez savoir que notre homme aime à faire lui-même ces sortes de commissions. C'est à nos mouettes que nous devons donner nos poissons. Toutes les fois qu'il monte sa jument, c'est une bonne demi-guinée de gagnée, et j'ose dire qu'il ne tardera pas à arriver. D'ailleurs, qu'importe que M. Lovel reçoive cette lettre ce soir ou demain matin de bonne heure ?

— Si ce n'est que M. Lovel sera à Fairport avant que votre exprès soit parti, et alors où en serez-vous ? Au surplus, ce sont vos affaires.

— Eh bien ! mistress Heukbane, répondit mistress Mailsetter avec un peu d'humeur et d'un air déconcerté, bien certainement j'ai toujours été bonne voisine ; j'aime à vivre et à laisser vivre, comme on dit ; et, puisque j'ai fait la sottise de vous montrer l'ordre du secrétaire de la poste, sans doute il faut que je l'exécute : mais je n'ai pas besoin de votre garçon ; j'enverrai mon petit David sur votre cheval, et cela fera juste cinq shillings et trois pences pour chacune de nous.

— David! Eh, mon Dieu! l'enfant n'a pas dix ans; et, pour vous dire la vérité, la route est fort mauvaise, notre bidet est rétif, et nul autre que Jack ne peut en venir à bout.

— J'en suis fâchée, répondit gravement la buraliste : mais, en ce cas, il faudra attendre M. Mailsetter. Je ne voudrais pas rester responsable de cette lettre en la confiant à un vaurien comme votre Jack. Notre petit David appartient à la poste en quelque sorte.

— Fort bien, fort bien, mistress Mailsetter : je vous comprends parfaitement : mais, puisque vous voulez bien risquer l'enfant, je puis bien risquer la bête.

Les ordres furent donnés en conséquence. On fit lever le cheval de sa litière bon gré mal gré, et on se disposa de nouveau à le mettre en activité de service. David fut perché sur la selle, la larme à l'œil, une houssine à la main, et un sac à lettres en cuir suspendu à ses épaules. Jack eut la complaisance de le conduire jusque hors de la ville; et, l'encourageant de la voix, l'excitant du fouet, il lui fit prendre la route de Monkbarns.

Cependant les trois commères, comme les sibylles, après avoir consulté leurs feuilles, arrangèrent et combinèrent les renseignemens qu'elles s'étaient procurés, et qui le lendemain se répandirent par cent canaux divers, et avec cent variations différentes, dans le monde de Fairport. Des bruits aussi étranges que contradictoires furent le résultat de leurs conjectures et de leurs bavardages. Les uns disaient que Tennant et compagnie faisaient banqueroute, et que toutes leurs traites leur avaient été renvoyées protestées ; les autres assuraient qu'ils avaient fait un marché important avec le gouvernement, et que les principaux négocians de Glascow leur avaient écrit pour leur demander une part dans l'entreprise, en leur offrant une prime. On disait d'un côté que le lieutenant Taffril avait écrit pour reconnaître un mariage secret avec Jenny Caxon; d'un autre, que sa lettre contenait des reproches sur la bassesse de sa naissance et de sa profession, et qu'il lui faisait ses adieux pour toujours. Le bruit général était que les affaires de sir Arthur Wardour étaient arrivées à leur crise ; et, si quelques personnes sages en doutaient, c'était parce que cette nouvelle partait de la boutique de mistress Mailsetter, source d'où sortaient toujours plus de mensonges que de vérités. Mais chacun était d'accord qu'il était arrivé la veille, du bureau du secrétaire d'état, un paquet adressé à M. Lovel, apporté par un dragon d'ordonnance, venu du quartier général d'Édimbourg, qui avait traversé Fairport au galop, et qui ne s'était arrêté que pour demander le chemin de Monkbarns. On expliquait de différentes manières la raison qui avait fait dépêcher une lettre avec tant de hâte à un étranger paisible, et menant la vie la plus retirée. Suivant les uns, Lovel était un noble émigré français qu'on invitait à aller se mettre à la tête d'une insurrection qui allait éclater dans la Vendée; suivant les autres, c'était un espion, un officier général faisant une inspection secrète des côtes, enfin un prince du sang voyageant incognito.

Cependant la lettre qui devait donner lieu le lendemain à tant de conjectures cheminait vers Monkbarns avec l'enfant qui la portait ; mais ce voyage ne se fit pas sans danger et sans interruption. Le jeune David Mailsetter, qui, comme on peut bien se l'imaginer, n'avait rien de commun avec un dragon d'ordonnance, s'avança assez bon train vers Monkbarns, tant que le cheval qu'il montait conserva le souvenir des exhortations énergiques que Jack lui avait adressées, et du bruit du formidable fouet qu'il lui avait fait entendre. Mais sentant bientôt que David, dont les petites jambes ne pouvaient le maintenir en équilibre, sautait en avant et en arrière sur son dos, le noble coursier dédaigna de se soumettre plus long-temps. Il commença par quitter le trot pour prendre le pas. Son cavalier ne lui en sut pas mauvais gré, car la première allure de l'animal ne l'avait pas peu déconcerté. Il profita même de ce moment de tranquillité pour manger un morceau de pain d'épices que sa mère lui avait mis dans la main pour engager ce jeune émissaire de la poste aux lettres à s'acquitter plus gaiement des fonctions dont elle le chargeait. Le rusé cheval s'aperçut peu à peu que les rênes n'étaient pas tenues par un cavalier expérimenté; secouant le cou un peu vivement, il les lui fit tomber des mains, et s'amusa à brouter l'herbe sur le bord du chemin. Effrayé de ces symptômes, qui annonçaient dans sa monture un esprit volontaire et rebelle, craignant de tomber, et ne se trouvant pas trop rassuré sur la selle, le pauvre David se mit à pleurer et à crier. Le bidet, entendant sur son dos un bruit auquel il n'était pas accoutumé, crut sans doute que tout ce qu'il pouvait faire de mieux, tant pour lui-même que pour son cavalier, était de retourner d'où il venait; et, en conséquence, il commença une marche rétrograde vers Fairport. Mais, comme toute retraite finit souvent par une déroute, le coursier, alarmé par les cris de l'enfant, inquiet de sentir les rênes qui lui battaient les jambes de devant, et ayant le nez tourné vers son écurie, partit d'un tel train que, si David eût pu se maintenir en selle, chose extrêmement douteuse, il se serait bientôt trouvé à la porte de l'écurie d'Heukbane. Heureusement, au premier détour de la route, l'enfant rencontra un auxiliaire qui ramassa les rênes, et arrêta le cheval dans sa course : c'était le vieux Edie Ochiltrie.

— Eh bien! enfant, s'écria-t-il, pourquoi galoper ainsi?

— C'est que je ne puis l'empêcher. Je suis le petit David.

— Et où allez-vous?

— A Monkbarns.

— Vous ne prenez pas le chemin d'y arriver.

L'enfant ne put répondre que par des pleurs.

Le vieux mendiant était naturellement compatissant, et surtout quand il s'agissait de l'enfance. — Je n'allais pas de ce côté, pensa-t-il, mais un des grands avantages de mon genre de vie, c'est que tout chemin m'est indifférent. Je suis bien sûr qu'on ne me refusera pas une botte de paille à Monkbarns ; je vais m'y traîner avec cet enfant, car, s'il n'y a personne pour conduire le bidet, le pauvre diable tombera de cheval et se fendra la tête. Vous avez donc une lettre à porter, mon garçon ? Voulez-vous me la montrer ?

— Je ne dois la montrer à personne, répondit David en fidèle serviteur de la poste; il faut que je la remette à M. Lovel à Monkbarns, et je m'acquitterai de mon devoir, si ce méchant cheval.....

— Fort bien, mon petit homme, fort bien, dit Ochiltrie, en tournant du côté de Monkbarns la tête du cheval, qui n'y semblait guère disposé ; à nous deux nous en viendrons à bout, à moins que ce ne soit un diable incarné.

L'antiquaire, après le dîner, avait invité Lovel à faire une promenade sur la hauteur de Kinprunes, et là, s'étant réconcilié avec le camp d'Agricola qu'on avait cherché à dégrader dans son esprit, il profitait de tous les objets que les environs lui présentaient pour faire une description animée du camp du général romain à l'aube du jour, quand il aperçut le mendiant et son jeune protégé. — Que diable ! s'écria-t-il, voici, je crois, le vieux Edie avec armes et bagage.

Le mendiant expliqua la cause de son arrivée, mais David voulait exécuter littéralement sa commission, et aller jusqu'à Monkbarns, quoiqu'il eût encore un mille à faire pour y arriver ; et ce ne fut pas sans peine qu'on le détermina à remettre la lettre à celui à qui elle était adressée.

— Mais ma mère, dit David, m'a dit que j'aurais à recevoir vingt-cinq shillings pour le port de la lettre, et dix shillings et demi pour l'envoi d'un exprès. Voici le papier.

— Voyons, voyons, dit Oldbuck en mettant ses lunettes, et en examinant un exemplaire, orné de tous les agrémens de la vétusté, des réglemens de la poste aux lettres, auxquels David en appelait. Pour un exprès, homme et cheval, une journée, pas plus de dix shillings et demi ? Une journée ! il n'y a pas une heure de chemin. Homme et cheval ! je ne vois qu'un singe à califourchon sur un chat maigre.

— Mon père serait venu lui-même sur sa jument

rouge, dit David, mais il aurait fallu vous faire attendre jusqu'à demain soir.

— Quoi! vingt-quatre heures après l'heure régulière de la distribution! Petit serpent né de l'œuf d'un coq, êtes-vous déjà si savant dans l'art de l'imposture et de la fourberie?

— Allons, allons, Monkbarns, dit le mendiant, n'épuisez pas votre esprit contre un marmot. Songez que la bouchère a risqué sa bête et la buraliste son enfant. Les deux valent bien dix shillings six pences, je suppose. Vous n'y avez pas regardé de si près avec John Hawie, quand.....

Lovel, assis sur le prétendu *Prætorium*, avait jeté un coup d'œil sur les papiers qui lui étaient adressés; il mit fin à cette altercation en payant à David la somme qu'il demandait, et se tournant vers M. Oldbuck, il lui dit d'un air agité : — Vous m'excuserez si je ne retourne point à Monkbarns ce soir ; il faut que je me rende sur-le-champ à Fairport, et peut-être que j'en parte d'un moment à l'autre. Jamais je n'oublierai, M. Oldbuck, l'amitié que vous m'avez témoignée.

— Je me flatte que vous n'avez pas reçu de mauvaises nouvelles!

— Elles sont d'une nature mixte. Mais adieu : dans la bonne fortune comme dans la mauvaise, je ne vous oublierai jamais.

— Un moment! un moment! s'écria l'antiquaire en paraissant faire un effort sur lui-même. Si...... si vous éprouvez quelque embarras pécuniaire, j'ai cinquante guinées, une centaine même, à votre service jusqu'à..... jusqu'à la Pentecôte..... ou jusqu'à ce qu'il vous convienne de me les rendre.

— Je vous suis fort obligé, M. Oldbuck, mais l'argent ne me manque pas. Excusez-moi, mais je ne puis soutenir plus long-temps la conversation ; je vous écrirai ou je vous reverrai avant de quitter Fairport, si je suis obligé d'en partir. A ces mots, il serra la main de l'antiquaire, et, se détournant de lui, prit à grands pas la route de Fairport, ne pouvant plus songer à rester à Monkbarns.

— Fort extraordinaire! s'écria Oldbuck; mais il y a dans ce jeune homme quelque chose que je ne puis pénétrer ; et cependant il m'est impossible de mal penser de lui. Il faut que je retourne à Monkbarns, et que j'éteigne le feu dans la chambre verte, car pas une de mes femelles n'osera y entrer à la brune.

— Et comment est-ce que je m'en irai ? dit l'enfant en pleurant.

— La nuit est belle, dit le mendiant en levant les yeux vers le ciel, et je crois que je ferai aussi bien de retourner à la ville pour avoir l'œil sur ce jeune gars.

— Oui, Edie, oui, dit l'antiquaire; et ayant fouillé quelque temps dans la profondeur de la poche de sa veste, il y trouva enfin ce qu'il cherchait. Voilà, ajouta-t-il alors, une pièce de six pences pour vous acheter du tabac.

CHAPITRE XVI.

« La compagnie de ce drôle m'a ensorcelé. Je veux être pendu si ce coquin ne m'a pas fait prendre un philtre pour se faire aimer de moi. Oui, il faut que j'aie pris un philtre. »

SHAKSPEARE. *Henry IV*, partie II.

PENDANT une quinzaine, l'antiquaire ne manqua pas de demander tous les jours au vieux Caxon s'il savait ce que faisait M. Lovel, et tout ce qu'il put en apprendre fut qu'il avait encore reçu une ou deux grosses lettres venant du sud, mais qu'on ne le rencontrait jamais sur les trottoirs de Fairport, et que personne ne savait ce qu'il faisait.

— Mais comment vit-il? Caxon.

— Oh! mistress Hadoway lui prépare un beef-steak, des côtelettes de mouton, un poulet rôti, enfin ce qu'elle préfère elle-même, et il mange dans la petite salle rouge, près de sa chambre à coucher. Elle ne peut lui faire dire ce qu'il voudrait avoir pour son dîner. Elle lui prépare son thé tous les matins, et il la paie honorablement toutes les semaines.

— Mais ne sort-il donc jamais?

— Il a tout-à-fait renoncé à la promenade. Tout le long de la journée il est assis dans sa chambre, à lire ou à écrire. Je ne saurais dire combien de lettres il a écrites, mais il ne les met point à la poste à Fairport, quoique mistress Hadoway lui ait offert de les y porter elle-même; il les envoie sous enveloppe au shérif, et mistress Mailsetter croit que le shérif les fait mettre à la poste de Tannonburgh par son domestique. A mon avis, il soupçonne qu'on cherche à lire ses lettres à Fairport, et il n'a peut-être pas si grand tort, car ma pauvre fille Jenny.....

— Du diable! ne m'ennuyez pas de vos femelles, Caxon. Parlons de ce pauvre jeune homme. N'écrit-il donc que des lettres?

— Si vraiment; il remplit des feuilles d'autres choses, à ce que m'a dit mistress Hadoway. Elle a bien des fois tâché de le déterminer à sortir, car elle lui trouve mauvaise mine, et son appétit s'en va. Mais non, il ne veut point passer le seuil de la porte, lui qui avait coutume d'aller se promener si souvent.

— Il a tort. Je me doute de ce qui l'occupe; mais il ne faut pas travailler avec excès. J'irai le voir aujourd'hui. Sans doute il ne songe plus qu'à la Calédoniade.

Ayant pris cette magnanime résolution, M. Oldbuck se disposa à l'exécuter sur-le-champ. Il mit ses gros souliers, prit sa canne à pomme d'or, et partit en répétant les paroles de Falstaff que nous avons mises en tête de ce chapitre, car il était lui-même surpris du degré d'attachement qu'il avait conçu pour cet étranger.

Une course à Fairport était une aventure extraordinaire pour M. Oldbuck, une entreprise qu'il ne faisait point avec grand plaisir. Il ne pouvait souffrir qu'on l'arrêtât dans les rues, et il y rencontrait toujours quelques oisifs qui l'abordaient, soit pour lui demander les nouvelles du jour, soit pour quelques autres fadaises semblables. A peine fut-il entré dans la ville qu'il fut accueilli par un Bonjour, Monkbarns; avez-vous lu le journal aujourd'hui? On dit que la grande entreprise aura lieu dans une quinzaine.

— Plût à Dieu qu'elle fût faite et refaite, répondit-il en continuant son chemin, afin que je n'en entendisse plus parler.

— J'espère, vint lui dire un autre, que Votre Honneur est content des fleurs que je lui ai fournies. Si vous voulez des ognons de jacinthes de Hollande, ou, ajouta-t-il en baissant la voix, un baril ou deux de genièvre d'Hambourg, un de nos bricks est arrivé hier.

— Grand merci, M. Crabtree, grand merci, je n'en ai pas besoin à présent, répondit l'antiquaire sans s'arrêter.

— M. Oldbuck, lui dit le clerc de la ville, personnage plus important qui l'empêcha de continuer sa route en se mettant en face de lui, le prévôt, apprenant que vous êtes en ville, vous prie instamment de ne pas en partir sans l'avoir vu. Il désire causer avec vous relativement au projet d'amener dans la ville de l'eau de Fairwell-Spring, parce qu'il faudra qu'elle traverse une partie de vos terres.

— Que diable! ne peut-il trouver d'autres terres que les miennes à fouiller et à couper? Dites-lui que je n'y consentirai point.

— Et le prévôt et le conseil de la ville, continua le clerc, sont d'accord de vous donner en indemnité les vieilles statues de pierre de la chapelle de Donagild, dont vous aviez envie.

— Hem? Quoi? Oh! c'est une autre affaire Eh bien! j'irai voir le prévôt, et nous en parlerons.

— Mais il ne faut pas tarder, M. Monkbarns, si vous voulez avoir les statues; car le diacre Harlewalls pense qu'on pourrait s'en servir pour orner la nouvelle maison commune. C'est-à-dire, on mettrait de chaque côté de la porte les deux statues qui ont les jambes croisées, et qu'on nomme Robin et Bobbin; et l'on placerait au-dessus de la porte la troisième, qu'on appelle Ailie Dailie. Le diacre dit que cela sera du meilleur goût, et tout-à-fait dans le style gothique moderne.

— Que le ciel me délivre de cette génération de Goths! Le monument d'un chevalier templier aux deux côtés d'un portique grec, et une *madona* au-dessus de la porte! *ŏ tempora!* Eh bien, dites au prévôt que je consens à accorder le cours d'eau sur mes terres, mais que je veux avoir les statues. Il est fort heureux que je sois venu ici aujourd'hui.

Ils se séparèrent mutuellement satisfaits; mais le rusé clerc avait surtout raison de se féliciter de sa dextérité, car la proposition d'un échange de monumens que le conseil de la ville avait décidé de faire abattre parce qu'ils gênaient la voie publique, contre le droit de faire venir l'eau dans la ville à travers les terres d'Oldbuck, était une idée qui s'était présentée à lui à l'instant même.

Après plusieurs autres interruptions semblables, M. Oldbuck arriva enfin chez mistress Hadoway. Cette bonne femme était veuve d'un ministre, et la mort prématurée de son mari l'avait réduite à cet état voisin de l'indigence dans lequel végètent souvent les veuves des membres du clergé écossais. Elle se tirait d'affaire en louant un appartement meublé dans la maison qu'elle occupait, et comme elle avait trouvé en Lovel un locataire menant une vie tranquille et régulière, payant parfaitement bien, et apportant la plus grande honnêteté dans les relations qu'ils avaient nécessairement ensemble, mistress Hadoway, qui n'était sans doute pas habituée à trouver toutes ces qualités réunies dans tous ceux qui logeaient chez elle, s'était attachée à son locataire, et avait pour lui toutes les attentions que les circonstances pouvaient exiger. Apprêter un mets avec plus de recherche qu'à l'ordinaire pour le dîner du pauvre jeune homme, employer son crédit auprès de ceux qui se souvenaient encore de son mari, ou qui avaient quelque amitié pour elle, pour se procurer des légumes de primeur, ou quelque chose qu'elle s'imaginait pouvoir exciter l'appétit de Lovel, étaient autant de soins qu'elle se faisait un plaisir de prendre, quoiqu'elle le cachât scrupuleusement à celui qui en était l'objet. Elle ne faisait pas un mystère de sa bienveillance, afin d'éviter les railleries de ceux qui auraient pu supposer qu'un visage ovale, des yeux noirs, un teint un peu brun, mais animé de belles couleurs, quoique appartenant à une femme de quarante-cinq ans, et à demi cachés sous une coiffure de veuve, pouvaient encore prétendre à faire des conquêtes ; car, pour dire la vérité, ce soupçon ridicule ne s'étant jamais présenté à son esprit, elle ne se serait jamais imaginé qu'il pût entrer dans la tête d'un autre. C'était par délicatesse qu'elle cachait ses attentions pour son hôte, parce qu'elle craignait qu'il ne fût plus généreux que riche, et qu'il ne lui eût été pénible de laisser ses civilités sans récompense. Elle ouvrit la porte à M. Oldbuck, et la surprise qu'elle éprouva en le voyant mouilla ses yeux de quelques larmes qu'elle put à peine retenir.

— Je suis charmée de vous voir, monsieur, très-charmée en vérité. Je crains que mon pauvre jeune homme ne soit pas bien ; et cependant il ne veut voir ni médecin, ni ministre, ni homme de loi. Jugez de ce que je deviendrais, M. Monkbarns, si un homme venait à mourir chez moi sans avoir pris l'avis des trois facultés savantes, comme le disait mon pauvre M. Hadoway.

— C'est ce qu'on peut faire de mieux, grommela le cynique antiquaire. Apprenez de moi, mistress Hadoway, que le clergé vit de nos péchés, la médecine de nos maladies, et la justice de nos sottises et de nos malheurs.

— Fi donc! Monkbarns ; faut-il que je vous entende parler ainsi! Mais vous allez monter? vous irez le voir? Hélas! un si beau jeune homme! Son appétit s'en va de plus en plus ; à peine prend-il quelque chose sur le plat pour faire semblant de manger un morceau. Ses pauvres joues deviennent de jour en jour plus maigres et plus pâles, et maintenant il a vraiment l'air aussi vieux que moi, qui pourrais être sa mère..... c'est-à-dire pas tout-à-fait, mais approchant.

— Pourquoi ne prend-il pas d'exercice?

— Je crois que nous l'y avons enfin déterminé, car il a acheté un cheval de Gibbie Golightly, le maquignon.

Il se connaît bien en chevaux ; Gibbie l'a dit lui-même à notre servante. Il lui avait offert un bidet qu'il croyait assez bon pour un homme qui a toujours un livre ou une plume à la main ; mais M. Lovel n'a pas seulement voulu le regarder, et il en a acheté un digne du Maître de Morphie. Il est à l'auberge des *Armes de Græmes*, dans la grande rue ; il a fait une promenade hier matin et aujourd'hui avant de déjeuner. Mais ne voulez-vous pas monter dans sa chambre ?

— Tout à l'heure, tout à l'heure. Personne ne vient-il le voir ?

— Pas une ame, M. Oldbuck ; puisqu'il ne voulait voir personne quand il était gai et bien portant, comment se trouverait-il quelqu'un dans Fairport qui songeât à lui maintenant ?

— C'est vrai, c'est vrai. J'aurais été surpris s'il en eût été autrement. Eh bien, montrez-moi le chemin, mistress Hadoway, de peur que je ne me méprenne de chambre.

La bonne hôtesse précéda M. Oldbuck dans un escalier étroit, l'avertissant chaque fois qu'il fallait tourner, et regrettant à chaque marche d'être obligée de le faire monter si haut. Enfin elle frappa doucement à la porte.
— Entrez, dit Lovel ; et M. Oldbuck parut aux yeux de son jeune ami.

Le petit appartement était propre et décemment meublé. Les sièges en étaient garnis d'une tapisserie, œuvre de l'aiguille de mistress Hadoway. Mais il était trop chaud, sentait le renfermé, et il parut à M. Oldbuck un séjour malsain pour un jeune homme d'une santé délicate ; observation qui le décida dans un projet qu'il avait déjà formé relativement à Lovel. Ayant devant lui une table couverte de livres et de papiers, Lovel était sur un sopha, en robe de chambre et en pantoufles. L'antiquaire fut affligé du changement qui s'était fait en lui. Son effrayante pâleur rendait plus saillante, par le contraste, une tache de pourpre qui colorait ses joues, et bien différente de ce teint vermeil qui annonçait naguère en lui une si brillante santé. Oldbuck remarqua qu'il avait un gilet et des culottes noires, et vit un habit de même couleur sur une chaise. En le voyant entrer, Lovel se leva et alla au-devant de lui.

— Voilà une preuve d'amitié, lui dit-il en lui serrant la main, une vraie preuve d'amitié dont je vous remercie : mais vous ne faites que prévenir une visite que je comptais vous rendre incessamment. Il faut que vous sachiez que je suis devenu cavalier depuis peu.

— C'est ce que j'ai appris de mistress Hadoway, mon jeune ami. Je désire seulement que vous ayez été assez heureux pour trouver un cheval tranquille. J'ai été une fois assez fou pour en acheter un moi-même de ce Gibbie Golightly, et ce quadrupède maudit m'entraîna malgré moi plus de deux milles à la suite d'une meute avec laquelle je n'avais pas plus affaire qu'avec la neige de l'année dernière; après avoir ainsi contribué, à ce que je crois, à l'amusement de tous les chasseurs, il eut la bonté de me jeter dans un fossé sans eau. J'espère que votre bête est plus paisible?

— Je me flatte du moins qu'elle se montrera plus docile.

— C'est-à-dire que vous vous regardez comme un bon écuyer.

— Je ne conviendrais pas volontiers que j'en sois un mauvais.

— Sans doute. Tous les jeunes gens pensent qu'autant vaudrait s'avouer tailleurs sans hésiter. Mais avez-vous pour vous l'expérience? *Experto crede.* Un cheval emporté ne badine point.

— Je ne me vante pas d'être parfait écuyer; mais lorsque j'étais aide-de-camp de sir....., à la bataille de...., l'année dernière, j'ai vu bien des officiers démontés qui étaient meilleurs cavaliers que moi.

— Ah! ah! vous avez donc vu face à face le dieu formidable des combats? Vous connaissez le front sourcilleux de Mars *armipotens?* Voilà qui achève de prouver qu'il ne vous manque rien pour faire une épopée. Cependant vous vous souviendrez que les Bretons combattaient sur des chariots. *Covinarii* est l'expression dont se sert Tacite. Vous vous rappelez sa belle description de l'instant où ils se précipitèrent sur l'infanterie romaine, quoique ce grand historien dise que le terrain raboteux n'était guère convenable à un combat de cavalerie. Et au total je ne conçois pas trop quelle sorte de chariots on a jamais pu faire rouler en Écosse, excepté sur les grandes routes. Eh bien, voyons. Les muses vous ont-elles visité? Avez-vous quelque chose à me montrer?

— Mon temps, dit Lovel en jetant un coup d'œil sur son habit noir, a été moins agréablement employé.

— La perte d'un ami?

— Oui, M. Oldbuck; presque du seul ami que je pusse me flatter de posséder.

— En vérité! Eh bien, jeune homme, consolez-vous. La mort, en vous enlevant un ami pendant que votre affection mutuelle était vive encore, pendant que vos larmes peuvent couler sans être remplies d'amertume par quelque souvenir de froideur, de méfiance, ou de perfidie, vous a peut-être épargné une épreuve encore plus pénible. Jetez les yeux autour de vous ; combien voyez-vous de personnes conserver dans leur vieillesse l'affection de ceux avec lesquels ils étaient unis par les nœuds de la plus tendre amitié dans leur jeunesse ? Les sources de plaisir, communes à tous les hommes, se dessèchent peu à peu, à mesure qu'ils avancent dans la vallée des ans, et alors ils s'en ménagent d'autres d'où sont exclus les premiers compagnons de leur pèlerinage. La jalousie, la rivalité, l'envie, se disputent à qui éloignera de nous nos amis, et il ne reste auprès de nous que ceux qui s'y trouvent par habitude plutôt que par choix, et qui, tenant à nous par le sang plus que par l'amitié, font compagnie au vieillard pendant sa vie, afin de ne pas en être oubliés à sa mort.

Hæc data pœna diù viventibus (1).

Ah! M. Lovel, si vous êtes destiné à atteindre la saison triste et froide de l'hiver de la vie, vous ne regarderez plus alors les chagrins de votre jeunesse que comme de légers nuages qui ont intercepté un instant les rayons du soleil levant. Mais je force vos oreilles à entendre des vérités contre lesquelles votre sensibilité se révolte peut-être.

— Je suis très-sensible à vos bonnes intentions, M. Oldbuck, mais une blessure récente est toujours douloureuse, et la conviction que le reste de ma vie ne me réserve qu'une succession de chagrins continuels, serait, permettez-moi de vous le dire, une faible con-

(1) Peine infligée à ceux qui vivent long-temps — Tr.

solation dans l'affliction que j'éprouve. Pardonnez-moi encore si j'ajoute que vous me semblez avoir moins de raisons que personne pour envisager la vie humaine sous un point de vue si sombre. Vous jouissez d'une fortune honnête ; vous êtes généralement respecté ; vous pouvez, pour vous parler votre langage, *vacare musis*, et vous livrer aux recherches savantes auxquelles votre goût vous invite; vous pouvez trouver de la société hors de chez vous, et vous en avez une agréable dans l'intérieur de votre maison, dans le sein d'une famille attentive et affectionnée.

— Oui, j'en conviens ; mes femelles, grace à la bonne discipline que j'ai établie, sont civiles et traitables. Elles ne me dérangent pas de mes études le matin ; lorsque après le dîner ou après le thé il me prend fantaisie de faire un somme, elles marchent dans la chambre avec la prudence et la légèreté d'un chat. Tout cela est fort bien, mais il me manque quelqu'un à qui je puisse parler, avec qui je puisse faire un échange d'idées.

— Et pourquoi n'engagez-vous pas votre neveu le capitaine Mac-Intyre, dont chacun parle comme d'un jeune homme plein d'esprit et d'ardeur, à venir demeurer avec vous ?

— Qui ? Mon neveu Hector ? Le Hotspur (1) du nord ? Que le ciel m'en préserve ! j'aimerais autant jeter un tison enflammé dans ma grange. C'est un Almanzor, un Chamont (2). Il a une généalogie montagnarde aussi longue que sa claymore, et une claymore aussi longue

---

(1) Héros bouillant de Shakspeare, déjà cité dans *Waverley*. Voyez *Henry IV*. — Éd.

(2) Autre espèce de héros rodomont ; l'un de la création de Driden, l'autre d'Otway. — Éd.

que la grande rue de Fairport. La dernière fois qu'il vint ici ne la dégaîna-t-il pas contre le chirurgien de la ville? Je l'attends un de ces jours, mais je vous promets que j'aurai soin de le tenir à une distance respectueuse. Lui, demeurer dans ma maison! Mes chaises et mes tables trembleraient d'effroi à sa vue. Non, non, point d'Hector Mac-Intyre. Mais écoutez-moi, Lovel, vous êtes un jeune homme d'un caractère doux et tranquille; ne feriez-vous pas mieux de planter votre tente pour un mois ou deux à Monkbarns, puisqu'il me paraît que vous n'avez pas encore dessein de quitter le pays sur-le-champ? Je ferai ouvrir une porte dans le jardin. Cette dépense ne sera qu'une bagatelle; il en existait autrefois une dont la place est visible encore. Par cette porte vous pourrez aller quand bon vous semblera de la chambre verte au jardin, sans déranger votre vieil ami, et vous n'aurez pas à craindre qu'il vous dérange. Quant à votre nourriture, mistress Hadoway m'a dit, pour me servir de ses propres termes, que vous êtes très-sobre de votre bouche; ainsi vous vous contenterez de mon modeste ordinaire. Votre blanchissage......

— Mon cher M. Oldbuck, s'écria Lovel en retenant avec peine un sourire prêt à lui échapper, — avant que votre hospitalité règle tous les avantages que je trouverais chez vous, permettez-moi de vous faire mes sincères remerciemens d'une offre si obligeante, qu'il n'est pas en mon pouvoir d'accepter en ce moment; il est probable que je quitterai l'Écosse avant peu; mais auparavant j'espère être assez heureux pour pouvoir passer quelques jours chez vous.

L'antiquaire changea de visage. — Je me flattais, dit-il, d'avoir trouvé un arrangement qui devait nous convenir à tous deux. Qui sait ce qui pourrait arriver à la longue? Peut-être ne nous séparerions-nous plus. Je suis maître absolu de mes biens, grace à l'avantage que j'ai d'être descendu d'ancêtres qui avaient plus de bon sens que d'orgueil. On ne peut me forcer à transmettre mes biens, mes domaines, mes héritages autrement que comme il me plaira. Je n'ai pas une suite d'héritiers substitués, aussi ridiculement enfilés l'un après l'autre que les morceaux de papier attachés à la queue d'un cerf-volant. Non, rien ne me gêne dans mon inclination, et l'essor de ma prédilection est parfaitement libre. Au surplus je vois que rien ne peut vous tenter en ce moment. Mais la Calédoniade marche toujours, j'espère?

— Oh! certainement, répondit Lovel, je ne puis songer à abandonner un plan si heureux.

— Heureux! sans doute, reprit l'antiquaire en levant les yeux d'un air grave; car, quoiqu'il fût assez bon juge des plans formés par les autres, il avait naturellement une opinion un peu trop favorable peut-être de ceux qui avaient pris naissance dans son cerveau. — C'est une de ces conceptions, continua-t-il, qui, si l'exécution est digne du sujet, peuvent effacer la tache de frivolité qu'on reproche à la littérature du siècle où nous vivons.

En ce moment on frappa à la porte, et mistress Hadoway remit une lettre à Lovel, en lui disant qu'un domestique attendait la réponse.

— Ce billet vous concerne autant que moi, dit Lovel à l'antiquaire en le lui remettant après y avoir jeté les yeux.

C'était une lettre de sir Arthur Wardour, conçue

dans les termes les plus civils. Il regrettait qu'un accès de goutte l'eût empêché jusqu'alors d'aller lui-même faire à M. Lovel ses remerciemens du service important qu'il lui avait rendu peu de temps auparavant. Il aurait voulu pouvoir se rendre chez lui en personne, mais il espérait que M. Lovel lui pardonnerait de se dispenser de ce cérémonial, et qu'il voudrait bien se joindre à une petite société qui se proposait de visiter le lendemain les ruines du prieuré de Sainte-Ruth, dîner ensuite à Knockwinnock et y passer la soirée. Il finissait par dire qu'il avait invité la famille de Monkbarns à cette petite partie de plaisir, et il fixait le rendez-vous général à une barrière (1) située à peu près à égale distance de la demeure de tous ceux qui devaient composer la société.

— Que ferons-nous? demanda Lovel à l'antiquaire, quoiqu'il ne doutât nullement de la réponse.

— Nous irons, mon jeune ami, nous irons bien certainement. Il m'en coûtera pourtant une chaise de poste. Voyons : il y a trois places, une pour vous, l'autre pour moi, et la troisième pour Marie Mac-Intyre. Fort bien; quant à mon autre femelle, elle ira passer la journée au presbytère, et vous pourrez revenir à Monkbarns dans la chaise, attendu que je la prendrai pour toute la journée.

— Je crois que je ferai mieux de prendre mon cheval.

— Oh! vraiment, j'oubliais votre bucéphale; cependant, soit dit en passant, vous êtes un jeune fou de préférer les jambes d'une autre créature à celles que la nature vous a données.

(1) *Turnpike gate.* — Éd.

— Celles du cheval ont l'avantage de marcher beaucoup plus vite, et d'être en nombre double ; c'est pourquoi je penche fort, je l'avoue.....

— C'en est assez ! c'en est assez ! Faites ce qui vous convient le mieux. En ce cas je conduirai ou Grizzy ou le ministre ; car quand je paie des chevaux de poste, j'aime à en tirer tout le service qu'ils me doivent. Ainsi donc nous nous trouverons à la barrière de Tirlingen vendredi prochain, à midi précis.

L'affaire étant ainsi réglée, les deux amis se séparèrent.

FIN DU TOME PREMIER.

ŒUVRES COMPLÈTES
DE
SIR WALTER SCOTT.

Cette édition sera précédée d'une notice historique et littéraire sur l'auteur et ses écrits. Elle formera soixante-douze volumes in-dix-huit, imprimés en caractères neufs de la fonderie de Firmin Didot, sur papier jésus vélin superfin satiné; ornés de 72 *gravures en taille-douce* d'après les dessins d'Alex. Desenne; de 72 *vues* ou *vignettes* d'après les dessins de Finden, Heath, Westall, Alfred et Tony Johannot, etc., exécutées par les meilleurs artistes français et anglais; de 30 *cartes géographiques* destinées spécialement à chaque ouvrage; d'une *carte générale de l'Écosse*, et d'un *fac-simile* d'une lettre de Sir Walter Scott, adressée à M. Defauconpret, traducteur de ses œuvres.

CONDITIONS DE LA SOUSCRIPTION.

Les 72 volumes in-18 paraîtront par livraisons de 3 volumes de mois en mois; chaque volume sera orné d'une *gravure en taille-douce* et d'un titre gravé, avec une *vue* ou *vignette*, et chaque livraison sera accompagnée d'une ou deux *cartes géographiques*.

Les *planches* seront réunies en un cahier séparé formant *atlas*.

Le prix de la livraison, pour les souscripteurs, est de 12 fr. et de 25 fr. avec les gravures avant la lettre.

Depuis la publication de la 3e livraison, les prix sont portés à 15 fr. et à 30 fr.

ON NE PAIE RIEN D'AVANCE.

Pour être souscripteur il suffit de se faire inscrire à Paris

Chez les Éditeurs:

A. SAUTELET ET Cie,	CHARLES GOSSELIN, LIBRAIRE
LIBRAIRES,	DE S. A. R. M. LE DUC DE BORDEAUX,
Place de la Bourse.	Rue St.-Germain-des-Prés; n. 9.

www.ingramcontent.com/pod-product-compliance
Lightning Source LLC
Chambersburg PA
CBHW062021180426
43200CB00029B/2216